今日审思量自家须营造
掘得一宝藏纯是水晶珠
大有碧眼胡密拟买将去
余即报渠言此珠无价数

　　　　寒山

钻石途径系列之二

解脱之道

阿玛斯 [A. H. Almaas] 著

胡因梦 译

深圳报业集团出版社
SHENZHEN PRESS GROUP PUBLISHING HOUSE

编　　审：刘　明
责任编辑：郭良原　李彦姝
装帧设计：朱　锷

图书在版编目（CIP）数据

钻石途径系列之二：解脱之道／阿玛斯（A. H. Almaas）著；胡因梦译．—深圳：深圳报业集团出版，2007.8

ISBN 978-7-80709-101-1

Ⅰ．钻… Ⅱ．①阿…②胡… Ⅲ．心理学－研究 Ⅳ．B84

中国版本图书馆 CIP 数据核字（2007）第 128008 号

DIAMOND HEART BOOK TWO: THE FREEDOM TO BE by A. H. Almaas
Copyright © 1989 by A-Hameed Ali
Published by arrangement with Shambhala Publications, Inc.
Horticultural Hall, 300 Massachusetts Avenue, Boston, MA 02115, U.S.A.
www.shambhala.com
Simplified Chinese translation copyright © 2007 by Lipin Publishing Company
ALL RIGHTS RESERVED

钻石途径系列之二
解脱之道

阿玛斯（A. H. Almaas）著　胡因梦　译

深圳报业集团出版社出版发行
（518009　深圳市深南大道 6008 号）
三河市华晨印务有限公司印制　新华书店经销
2009 年 8 月第 2 版　2009 年 8 月第 1 次印刷
开本：787mm×1092mm　1/16
印张：13　字数：170 千字
ISBN 978-7-80709-101-1　定价：24.00 元

深报版图书版权所有，侵权必究。
深报版图书凡是有印装质量问题，请随时向承印厂调换。

译者序　超个人心理学划时代运动的先驱

现代西方心理学最主要的任务之一，乃是要整合它们对人性的深度理解与世界宗教传承早已发现的心灵解脱之道。心理学不但要治疗人类在俗世生活里的烦恼，还要为人类带来真正的解脱及身心灵的统合。A.H. 阿玛斯将毕生献给了这项任务。他从客体关系心理学及弗洛伊德派的自我心理学撷取了许多概念和经验，同时也汲取了心理动力理论及其他的心理学体系。他更从自己的咨询过程中累积了深厚的个案经验。他受过最高层的佛法训练，并接受过其他的东方修炼法门，他自己在修行上也有深刻的证悟经验。他的观念反映了葛吉夫（Gurdjieff）的教诲、苏菲神秘主义、金刚乘及禅宗的精髓。他提醒我们不但要观察人格与心智的内涵，还要洞察人类内心最深的本质。

阿玛斯发展出来的"钻石途径"是一条精准而直接的道路，它提供给我们的除了对心理活动的深度知识之外，同时也邀约我们发展出智慧、爱、喜悦、活力、祥和、热情、好奇、快乐、信任、感恩等等的品质。它把上述的品质视为我们生命本体的不同面向，如果我们能允许自己在每个当下开放地体验内心所有的感觉，我们自然渴望活出具足本体的生活。对大部分人而言，这份渴望在感觉上似乎是一种深沉的哀伤和痛苦，它埋藏在我们日常的觉知和意识活动的底端。这个背景场域是那么平常，所以我们经常忽略它。某些人甚至会紧紧抓住这股渴望，把视野放在遥不可及的彼岸。还有的人则基于自保而刻意贬低这股渴望,甚至认为它是不可能达成的一种幻觉。或许绝大部分的人终其一生都在梦游中,丝毫没考虑过我们这份最深的渴求。

一旦隔绝了本体之中的能量、热情及力量,我们的生命就无法拓展了。我们会感到虚弱、匮乏、不满足,而这又会促使我们向外追求各种的赞美、肯定、安慰和支持。我们想要说服世界我们并不是那么虚弱,然而我们越是努力证明我们的力量,我们的虚弱就越明显。这又会形成一种想要批判自己和别人的冲动,于是我们的超我——内化的母亲形象——便开始全盘掌控我们的人生。人类因为和本体失去联结而造成的"心理坑洞",往往是我们最想填满,也最不能面对的问题。这些心理上的议题一向被视为自我认识的障碍,但"钻石途径"并不把它们看成是障碍,反而将它们当成是发现终极真相——本体——的重要线索。"坑洞理论"可以说是钻石途径对人类阴影层问题的核心洞识;它最能补足东方修行传统在心理支持上的不足。几乎所有的匮乏、自卑及不安全感问题,都是源自于童年的创伤经验。这些由创伤所形成的心理坑洞既是我们不愿意面对的一种内在威胁,也是发现我们早已丧失某些本体品质的机会。整个"钻石途径"的精髓就在于揭露坑洞里的情绪能量,并探入更深的本体品质——譬如上一段曾提过的爱、活力、祥和、喜悦、信任、感恩等高层精神境界,而这些品质都是钻石般的本体的不同切面。

钻石途径采用的方法非常广泛,它整合了情绪治疗、认知治疗、直觉式的揭露、呼吸技法及精微能量的探讨,而这些全都包含在灵性的架构之内。多年来阿玛斯已经训练出一批老师,学生们的小型聚会便是由这些老师所带领的。大型聚会则是用来发表演讲,进行经验性的练习,譬如静坐及其他的锻炼方法。阿玛斯和钻石途径的其他老师也带领长期闭关。学生们则必须靠自己来消化老师的教诲,并且进行某些特定的练习。这个途径会随着学生的需要继续发展下去,不过其中最重要的方法就是"探索"。

"探索"与通过高次元的觉知来鸟瞰意识活动不大相同,后者是东方传统的禅定修持所采用的方法,其优点是比较容易进入定境与不认同的境界,因为基本上它并不去研究意识的内涵,但缺点却是无法发展出心理动力式的观察,也无法"确知"人性错综复杂的问题症结是什么。"探索"则是一种"理解"的途径,它不仅是头脑的认知,而是整合了智力、情感、身体觉知、精微能量及直觉的一种自我认识。"探索"鼓励也容许自己去体验当下所呈现出来的坑洞——深层的负面情绪能量,而不带有偏见、定论,也不去担忧结果会如何。这种体验越来越深化之后,我们的觉知就会通达本体的各个面向而得以整合。这样的方式能带来的是真正的成长、疗愈与解放。

超个人心理学界的精英肯·威尔伯(Ken Wilber),将钻石途径誉为西方心理学和东方智慧的最佳整合途径之一。威尔伯说:"它整合了向上回旋和向下回旋之道,成为一个前后连贯而又十分有效的内在工作形式。"连托尼·施瓦茨(Tony Schwartz)和拉里·斯皮罗(Larry Spiro)这两位难以取悦的知识界精英,也给予钻石途径高度的肯定。《狂喜之后》的作者杰克·康菲尔德(Jack Kornfield)更是对钻石途径倍加赞誉,他说:"阿玛斯将深刻的灵性智慧及心理学知识注入到钻石途径里,这项工作令他成为现代心理学划时代运动的先驱。"

"钻石途径"系列丛书,是阿玛斯与学员互动时的心得记录,也是他十本著作中最贴近一般大众的教诲。但愿这个划时代的整合途径,能为我们带来有别于传统的启蒙和洞识。

作者序

我们活在一个美妙、神秘而不可思议的世界里，但大多数人很少能享受这真实的世界。我们能够觉知到的世界，多半充斥着争斗、痛苦及无意义感。这种情况起因于未能充分活出和证悟人类所有的潜能。若是能证悟和开显出人类的本体，潜能才得以充分实现。

"钻石途径"系列著作，是由我多年来对加州和科罗拉多州内在工作团体的谈话结集而成。这些谈话的目的，乃是为了引领和导正那些专心致志于证悟本体的人。

这些谈话是针对特定学生在证悟过程中所出现的状态和阶段而准备的。我们采用的教学方法称为"钻石途径"。谈话一开始探讨的是内在工作所面临的各种状况以及必须了解的知识和问题，接着探索的是越来越微细而深入的各个发展阶段，最后探讨的则是证悟的条件，以及最成熟的几个状态中有哪些需要了解的细节。

每一次的谈话都会阐明本体或存在的某种状态，而相关的心理议题和障碍也会加以精确的探讨。我们所采用的是现代心理学对存在状态的理解，以及对个人心智、生活和内在揭露过程的解析。

然而这一系列的谈话并不仅只是细微而详尽的引领，同时也表达和彰显出人类本体的揭露过程，使我们能看到真实世界——我们真正的天性——中的神奇、奥妙、优美与富足。

每一次进行谈话时,老师都会针对学生的需要而阐明存在的某个次元。老师既是这实相的体现,也是能传达攸关这实相鲜活知识的管道。

我希望有更多我的人类同胞能加入这真实的世界,并能体尝到生而为人不可思议的美及尊严,充分示现出对真理之爱。

目 录

译者序　超个人心理学划时代运动的先驱 *1*

作者序 *1*

第一章　放空 *1*

你的心一旦变得自由、不执著、不担忧，也不特别关注任何事物，那一刻你就是解脱的。这种状态最大的特色就是没有定点；你不集中焦点于任何议题或经验，眼前存在什么便是什么。觉得"逍遥自在"，便是处于解脱状态。

第二章　心与本体 *13*

万物的合一境界就是全然的光明，以及最开阔、最本然的状态。万物自我表达最终极的面貌就是炫目的净光，它耀眼到令你无法逼视。这光可能被经验成澄明心，或是能粉碎一切黑暗及愚昧的爆发性智慧。

第三章　无有疑惑的了知 *29*

本体很清楚你的自我形象并不是你。除非你真的体认到这一点，否则你一定会继续从自我形象的角度来看待自己。解决这个心理议题最终的了知便是源自于本体，它不可能在情绪次元得到解决，因为在那个层次上，拼图的某一片不见了，而这一片就是本体。

第四章　执著于空无 41

你无法体认到执著本身，因为你一直专注在你所执著的对象身上，心里想的尽是你所执著的人、事物或经验。你以为你想得到某个东西，其实你真正得到的只是对它的执著罢了。如果你能直接体认到执著，并且觉知到那份感受，你就会停止对它的迷恋。

第五章　"无望"之教诲 59

每当你发现自己在认同某一部分而排斥另一个部分，你就已经落入了自我或人格的局限中。拒绝自己某部分的经验，是不可能获得解脱的。企图得到快乐，就是一种不快乐的态度，因为期望和排斥正是不幸的根源。

第六章　接纳 75

如果你可以看着排斥的活动而不制止它，就能不参与排斥的活动。越是看得清楚，越是能不参与。这么做会让某个东西有空间可以冒出来。久而久之，你会越来越不认同、越来越不参与排斥的活动，然后接纳的能力就出现了。

第七章　改变与真相 91

你无法通过计划或期待来发现本体，它会不断地令你感到惊讶。凡是通过努力而达成的东西都是你已经知道的老旧事物，真实的人生本是一种永无止境的揭露过程，它会带给你接二连三的惊奇。你真的不知道事情会怎么发展，我们必须毫无预警地去经验自己。

第八章　意志力 109

我们能不能安住在这份不满足感之上，并且彻底地去感觉它，而不试图改变它？它便是你当下的真相，因此你只能学着与它共处。这才是真正的意志力，这跟企图操纵眼前情况的虚假意志力是截然不同的。

第九章　自我与无我 121

有一天你会发现，这个自我只是一些身体所累积的紧张能量。你会发现这整座岛的存在只是为了要遮蔽住某个东西，它的存在是为了防止你融入大海中。你以为你是在试图让自己和其他的岛分开，其实你是在让自己和大海——宇宙本身——分隔开来。

第十章　爱 137

宇宙之爱是接纳一切事物的，它不会将人格视为一种障碍。从宇宙之爱的角度来看，人格就像是在大海中穿梭的一条鱼。如果这条鱼觉得自己很伟大，那么宇宙之爱就会说："它喜欢那种重要的感觉也无妨，这又能带来什么改变呢？"

第十一章　朋友与爱人 159

如果你既是朋友又是爱人，你的自我就会消失——你变成了一首歌。那首歌是这么的得体，这么的细致，因为它同时具备了客观和甜美的品质。我指的并不是一种失神状态，而是头脑与心合一了。其中有一种绝对的清明度，而这清明度是非常甜美的！

第十二章　做你自己 177

你的内在有个东西是来自宇宙的。个人性元素本是源自于宇宙性元素。宇宙意识即是我的灵魂、我的本质，不过我仍然是个人，这才是真正的奇迹。真人兼具了人性及宇宙神性，这便是奇迹所在。做自己意味着成为你所有存在的综合。

第一章 放空

你的心一旦变得自由、不执著、不担忧,也不特别关注任何事物,那一刻你就是解脱的。这种状态最大的特色就是没有定点;你不集中焦点于任何议题或经验,眼前存在什么便是什么。觉得"逍遥自在",便是处于解脱状态。

自我解脱的过程可以从两个息息相关及互补的观点来解释。第一个观点将自悟的过程看成是一种自我实践或本体（Essence）的发展，另一个观点则将其视为一种解放或开悟的过程。你会强调哪个观点，完全取决于你对自己的觉察，而你的觉察又可能会出现两种论点：本体或是人格，你的真实本质或是你所习得的身份认同。如果从本体的角度来看，自悟意味着了悟到自己的本质或发展出自己的本体。但如果从解脱的角度来看，所谓的开悟指的则是从人格之中彻底解放出来。

　　在我们的工作中，这两种发展是同时并行的，它们其实是同一个过程。过去的灵修体系不是强调前者就是强调后者，以至于乍看之下它们似乎是相互矛盾的。有时矛盾会生起乃是因为名相所致。那些采取自悟之道的人往往会说："你只要了悟自己，发展出内在的潜能就够了。开悟这档子事根本是不存在的。"而那些追求开悟和解脱的人则说："什么是自我了悟？根本没有一个自我可以被了悟！自我这个概念正是你必须去除的东西。"

　　我们的内在工作从未把这两种观点分开过。我们看待解脱主要是从本体的发展着眼的，不过现在我们要更进一步地探索解放或开悟这个观点。

觉得逍遥自在，便是处于解脱状态

　　对那些尝过本体的滋味、经验过自己真实本质的人而言，可能会特别渴望彻悟境界，但解脱或彻悟境界是不会去特别关注本体的任何一个面向、品质或状态的。假如你已经从人格之中解脱了出来，那么不论本体有哪些状态都跟你无关了。处在解脱境界里，你所经验到的意识内容就不再有任何重要性。一切都变得很平常，没有什么事在发生，也没有任何巨大的悟境或令人震撼的经验。那是一种最自然的状态，它自然和平常到即使我们拥有了它，也不知道自己正处于这种状态。几乎每一个人都经常出入于这种状态，其中没有任何乍现的灵光或璀璨的内明经验，它丝毫没有戏剧性。解脱超越了本体和人格的二元性，就因为它是这么平常，所以经常被我们忽略，它的细致使我们无法认出它来。在日常生活里，每当你没有自觉意识或不特别关注某个事物时，你就是在经验这种状态。

你的心一旦变得自由、不执著、不担忧，也不特别关注任何事物，那一刻你就是解脱的。这种状态最大的特色就是没有定点，你不集中焦点于任何议题或经验，眼前存在什么便是什么。你的心是自在的，你心里不会想着："我要这个"、"我要想一想这件事"或"我非得这么做不可"。你的心是放松的，"逍遥自在"这个词很清楚地告诉我们什么是解脱状态。

解脱意味着不执著于任何事物，没有担忧，没有挂碍，没有沉重的负担感。这时心不专注或束缚于任何特定的意识活动，你可以毫不费力地觉知到心中所生起的意念，甚至连觉知它的意图都没有。你不在乎自己是否能察觉本体或者本体是否存在，也不在乎自己是快乐或哀伤，身边是否有人陪伴。这些事都无足轻重了，因为那一刻你已经彻底了脱了你生命中所有的挂碍。这样的状态永远无法通过努力而达成，它会在某一天自然出现，而且当你注意到它的时候，你甚至不会认为它是多么了不得的事，你会照旧做你正在做的事。一旦把它看成是一件不得了的大事，它就不见了。当你产生"噢，太奇妙了！到底发生了什么事，我一定要保住它"的想法时，它就不见了。

执著正好是解脱所没有的状态，就因为我们总想抓住这个微细的境界，它才会一闪而逝。小孩儿经常处于这种不特别关注什么的状态里，譬如当他们在嬉戏或无所事事的时候。但由于早期的养成经验，我们的心变得只能朝某个特定方向思考，如此一来，我们便拒绝了实相的其他部分而只固着于一点。这份拣择性造成解脱状态的丧失，这种情况在我们很小的时候就出现了，而定型的时间主要是在五至七岁之间。在这之前，解脱经验还是来来去去的，之后它所出现的次数就越来越少了。在每个人的一生中，它都是来来去去的，不过某些人比别人更容易经验到它。这是一种我们不会特别去意识到的解放状态，处在这种状态里，心中所有的事都放下了。然而这并不是一种从特定压力之中解脱出来的感觉，它是最原始的解放状态。你不在乎你正在经验的是什么，你的心是开放的，脑子也不固着在任何想法上，你彻底接纳一切而又不感觉自己在接纳。那种时刻不论你的存在有何需求，你的本体都在那里，但本体并不是你所关切的焦点，因为它就是你当下的经验。

我们可以谈论这种状态，却无法说出它是什么。你可能会发现，这是你早已经验过无数次的一种熟悉状态。这个状态非常普通，为了活下去和享受人生，每个人都需要体验它。

促成解脱的七个要素

为了达到这种解脱境界，我们需要做些什么准备呢？我们在这里所做的每一件事其实都能促成解脱，不过我们现在要探讨的是它所需要的几个主要元素，这里称之为"解脱的要素"。什么样的要素能使你"解脱"——刹那即逝的精微觉知？从最根本的角度来看，解脱大概有七个主要的元素。

首先你需要的是**能量**（energy）。能量可以帮助你转化人格及其模式。有能量意味着你有足够的能力、勇气和耐力来转化自己。有了能量你才会感觉："是的，我可以办得到。我有潜力、毅力和勇气。"这股能量将会提供你观察自己和理解事物的燃料。你需要理解和体认的事实在太多了，因此你需要大量的勇气和精力才能突破过程中的障碍，有能力对治那些障碍住觉知的幻象。因此，能量和勇气必须发展和释放出来。

另一个元素是**决心**（determination）。缺少了决心，能量就会失去意义。你需要坚定不移的决心和不动摇的意志，才能持续地面对挫败和失望。毅力能促使你坚持下去，因此，了解围绕着意志和毅力的人格议题是很重要的事：到底是什么议题导致了你的被阉割情节？是什么东西障住了你的意志？你要认清什么东西在阻止你说："无论发生什么事——失望、痛苦或恐惧——我都要坚持下去。我可能在开悟之前就死了，但我还是不会停止。死后我仍然要坚持下去。"有了这种能力，你的内在工作才会言行一致。

凡事充满兴致，你便能轻松突破障碍

另一个元素就是对这整件事的一种轻松感，一份**欣喜**（a sense of joyousness）的感觉。这是一种特定的喜悦感与轻松的态度，它是内在工作的本质，亦即对真相、看见真相及体认到真相的一份欣喜。它有点像好奇心——对事物充满着欣喜的好奇。如果你只有能量和决心，事情会变得过于沉重和严肃，但欣喜这个元素能帮你轻松地突破障碍。无论做什么，你都充满着兴致。这份轻松感之中带着一股孩童式的好奇，当孩子感到好奇时，他的心中并没有特定的目标，他不会想得到硕士或博士学位，他只是单纯地感到好奇罢了。

接下来的一个元素是**仁慈**（compassionate kindness）。这是非常重要而必要的一种品质，因为过程极为艰辛，所以你必须仁慈对待自己。就因为你还没解脱，所以受苦是很自然的事，为什么要用驱迫的方式让自己更苦呢？为什么一犯错就必须惩罚自己？仁慈这个元素会使你更信赖自己、信赖成长的过程、信赖你的心和你的本体。仁慈会带来无私的态度，一旦有了这种仁慈之心，你自然会友善地对待每一个人、每一件事。别人受苦也会令你感觉痛苦，你不但想解脱自己，也想解脱别人的苦。解脱是没有固着点的，所以如果集中焦点在自己身上，你就变成一个最大的固着点。"什么是我需要的？什么会伤害我？什么是对我最有利的？"这些想法都围绕着"我"以及自我的身份认同。仁慈能够消融掉这种固着或设限的倾向，使你从自我中心的状态里解放出来。仁慈能使你承受得住艰困中的痛苦，使你更能信赖自己的本体以及自己的心智能力；仁慈使你在内在工作中变得更柔软，对别人更慈悲。这是我们在对治人格模式及人格议题时，必须发展出来的一种能力。

处在安详的状态里，自然会生起直觉与洞见

内在工作的另一个要素是**内心的祥和**（peacefulness），一种安静下来的能力，而不是永远都在活动和思考。为了体认到真正的解脱，你必须有能力让心安静下来，因为解脱境界是刹那即逝的。如果你永远都在思考和担忧，并且维持着一贯的快速活动，那么你就是在阻碍你对解脱的体认。一旦发展出这份能够去除焦躁的安详感，我们就会从这种安歇的状态之中，自然生起直觉、洞见和细微的观察。

接下来的一个重要的元素是**融入于某件事的能力**（capacity to be absorbed in something），也就是完全融入于你正在做的事，不论那是什么。你完全专注于眼前的经验，彻底涉入其中，甚至到忘我的程度。这是一种能力，一份与经验之间的关系，一种摆脱掉人格的解放感。

人格通常会跟经验保持距离，它对彻底融入、与经验合一感到恐惧。当你完全证悟到本体时，这份了悟是无法说清楚的；你已经完全投入于其中，除了本体之外什么都不存在了。譬如你正在制作一张桌子，你是那么的投入，以至于你、工具和桌子都结成了一体。处于这种状态里，你的头脑完全停止了区分或分别意识。你可以融入于任何一种行动、情绪、思想、感觉或本体的某个面向，印度教徒称这种境界为三摩地，自我的彻底消融。处于这种状态里，人格终于允许自己死亡、消失，与眼前的任何一种经验彻底融合。

第七个也是最后一个解脱的元素就是**觉醒**（awakening），亦即在你的经验之中觉醒的一份能力。前面我们谈到的是彻底融入于经验的一份能力，现在我们要谈的则是觉醒和觉知。你的觉知是这么的清晰，就像是刚刚醒来一样，甚至有一种周围都是光的感觉。觉醒的品质是内在工作对治昏沉和愚钝的解药，你必须靠它来了解你所有的人格议题，也必须靠它来对治执著的倾向。你对眼前发生的事是充满着觉知的，里面没有丝毫昏沉的成分。在你清明的觉知之下，事物变得清楚而明确，你能如实看见事物的真相而非通过潜意识在看。这样的状态就像万里晴空，没有一丝的云雾。但这并不意味你在看着一片晴朗的天空，因为你本身就是这片晴空。你的心是彻底开放及清明的。

摆脱执著的钻石意识

这所有的要素最后会结合成客观意识。这七个要素——能量、决心、欣喜、仁慈、祥和、融入及觉醒——会融合成一种现象，一种客观的品质。这份客观意识正是对治人格执著倾向的必要条件。有了客观意识，你就不再受你的超我及无意识的影响。你不再受过去的经验、观念或意见的制约。你的力量是客观的，意志是客观的，你的欣喜是客观的，仁慈是客观的，你的祥和是客观的，融入的能力也是客观的。客观意识将这七个元素带入了另一个次元，另一种层次。这七个要素也被称为Lataif——七种精微意识的元素，能量属于红色Latifa，决心属于白色Latifa，欣喜属于黄色Latifa，仁慈或慈悲属于绿色Latifa，祥和属于黑色Latifa，融入的能力属于蓝色Latifa，能够使我们解脱欲望的觉醒元素，我们称之为澄明的Latifa。Lataif是一种非常精微的东西，有人说它像空气，能够产生七种品质的精微之气。

因为上述七种元素已经得到平衡，所以意识变得客观了，而这正是摆脱人格的执著倾向所必备的品质。客观意识，我们所谓的钻石意识，能够使我们从人格的执著倾向之中解脱出来。钻石意识是一种全观意识，它不像人格只集中在某个焦点。

这七个要素都存于当下的解脱状态里，如果你能客观地审视内心的冲突和困境，你会发现它们不外是对客观意识的抗拒，或是不想看到事物的真相。你执著于你所依恋的事物，你并不想看见事情的真相。

其实你最执著的对象就是你的人格、人格的运作模式以及你的好恶模式。你和你的人格已经相处了很长的时间，对它早就习以为常了。即使你并不喜欢它的某个部分，你仍然依赖它、熟悉它，因此为什么要摆脱它？你并不想从中解放出来。

客观则意味着你必须认清你的人格所扮演的角色。凭着这份客观意识才能觉知到解脱境界，因为它没有任何会阻碍觉知的执著态度或蒙昧倾向。这七个元素所以被称为解脱的要素，不只是因为它们可以引领你进入客观意识和解脱状态，更因为它们都存在于当下的解脱状态里。你本来就是喜悦的、仁慈的、充满活力的、有决心的、明透的、觉醒的、彻底融入于经验中的、祥和的。这所有的品质同时都存在于客观次元、钻石意识或客观意识里。当钻石意识最终觉知到解脱境界时，它会变得更柔软、更细致、更放松、更畅然无阻。其中没有任何的结构与执著，不坚持这样或那样，也没有任何偏好。但这并不意味你是客观的或不客观的,是仁慈的或不仁慈的,因为连这种分别意识都不存在了。上述的品质全都以畅然无阻、融为一体的方式同时存在着。你是那么的放松和自在,根本不会去思考自己是否快乐或仁慈;只要你一说:"喔!我现在很快乐!"快乐就不见了。其实你就是它,事情只是这么简单。你照旧做你的事,吃早餐、读报、上班、跟人吵架,任何事都没什么大不了,因为你彻底自由了。你已经学会了如何放松。你已经解脱,而且觉醒了。

澄明的品质是非常重要的,因为你终于知道你知道了,这便是一种悟境。小孩可能处在悟境里但无法认出它来,丧失时也不知道自己已经失去了它,但身为成年人的你却有能力认出它来,因为你觉醒了。这就是为什么佛家会强调觉醒的原因。你必须有觉有知才能认出解脱境界,才能融入于其中而不紧抓着它不放。

一旦变成一盏明亮的灯,你就不需要刻意去看了

这七个元素最终会制造出第八个元素,亦即七者结合成一体形成一个八角形。我时常会谈到这些品质,因为它们是构成 Lataif 的几个重要的本体面向。如果你继续进行内在工作,你会发现每一种 Lataif 都像是一个完整的宇宙,它们会帮助你达到彻底的放下。我们今天所探讨的东西已经解释了人格和本体的关系,以及本体如何能帮助我们从人格之中解脱出来,进而促使我们得到享受本体的自由。有什么问题吗?

学生:留意在这整件事中有什么作用?
阿玛斯:留意是发展出觉知的一种方式。当你觉醒时你是警觉的,但又不是在刻意留心什么。一旦变成一盏明亮的灯,你就不需要再刻意去看什么了。因此觉醒又称为完美的不留意。你留意、留意、再留意,

直到变成留意的本身为止,然后你就不再需要费力去留意,而只是觉知罢了。你已经不需要为了看见而留意,你自然然就看到了。但首先你必须留意很长的一段时间,必须发展出留意的能力,直到你变成留意本身为止。

学生:你可不可以谈一谈 Ridhwan 这个词的意思,还有它和解脱之间的关系。

阿玛斯:Ridhwan 指的是从解脱之中生起的一种圆满感。当你解脱时,你的人格终于感到满足了,你的人格终于从痛苦和冲突之中解脱了出来。耶稣基督说过,你必须像孩子一样才能进入天国。Ridhwan 或圆满感乃是通往天国的一扇门,它也是本体的一个面向。

解脱真的只是人格变得自由的那个当下,人格终于放下了它的执著而允许自己放松下来。人格一旦放松下来,你就会变成一个小孩,那时你就在天堂了。在阿拉伯文里,Ridhwan 这个字指的是守护天堂的天使,不过它也是圆满、满足和自我完成的一种条件。许多修行体系都不谈论这件事,理由很简单:对一个没有解脱经验的人谈论这件事,只会徒增他的执著倾向。事实上,一味地谈论天堂有多么美好,只会加强不幸和固着的态度,这就是许多修行体系只探讨如何放下的原因。你也许正处在天堂里,可是如果不知道放松,你还是无法享受它。

第二章 心与本体

　　万物的合一境界就是全然的光明，以及最开阔、最本然的状态。万物自我表达最终极的面貌就是炫目的净光，它耀眼到令你无法逼视。这光可能被经验成澄明心，或是能粉碎一切黑暗及愚昧的爆发性智慧。

现在让我们来探索一下 mind[1] 这个词，这是一个很普通的词，我们内在工作经常会用到它。一般人所谓的 mind 通常是语焉不详的，而且每个人的用法都不一样。此外还有一些文化上的差异，譬如美国人所谓的 mind 和西藏人所说的 mind，意思就不太相同。我们西方人所谓的 heart 其实就是东方人所谓的 mind。现在我们要弄清楚的是 mind 与 heart 之间的关系。某些人所说的 mind 指的是 heart，反之，某些人所说的 heart 指的则是 mind。有时你从书本里或演讲中会听到 mind 这个词，你很自然会给它下一个定义，然而这个定义也许根本不是作者或讲者的原意，因此你当然会觉得困惑。现在让我们从最广泛及最肤浅的定义来检视 mind，然后再进入它更深的面向。

内容及思维系统的容器

最常见的观念就是，mind 是由你的思想及思维系统所组合成的，而它是与你的脑子相连的。在我们的文化里，当人们用 mind 这个字的时候，通常指的是思维、意象、思考过程及头脑里闪过的事物。因此，它通常被理解成思维系统、思想过程或思想本身。

但即使在我们这个文化里，此定义也没有普遍性。举例而言，当弗洛伊德使用 mind 这个字的时候，他指的是一切的印象、感觉、情绪、觉受，而不只是思想，这所有的印象全都被视为 mind 的内容。除此之外，他假设 mind 还有另一个层次，他称之为"无意识"。

---

[1] 本章将保留原著的某些原文，因为任何的中文译法都会混淆作者的原意。

因此在我们的文化里，mind 这个词比较专门的用法指的是经验内容的总和。所有的印象都可以被视为 mind，而我们还可以把它区分成内容及思维系统的容器。不论是思维的内容、思维系统或内容的觉知者，都可以被视为 mind。心理学的文献里通常不作这种区分，它们主要是在区别生理上的神经系统和思想本身。如果你认为 mind 只是思想本身，那么思维系统就是生理上的神经系统或脑子。但如果你认为 mind 指的是所有的印象和经验，那么思维系统就成了整个神经系统，包括脊椎、神经中枢及脑子。现在我们对 mind 已经有两种概念了。当然某些哲学家所谓的 mind 是超越脑子和神经系统的。他们假设通过头脑在运作的是 small mind，通过整个神经系统或整个人体而运作的则为 big mind。这里的 mind 并不是一个明确的东西，而是一种力量或作用力，至于这股作用力到底是什么，人们并不清楚。

这又会延生出对 mind 本质的疑问：与脑子及神经系统有别的 mind 到底是什么？思维的过程里是否隐藏着一股作用力？

在我们这个文化或西方世界里，除了脑部研究的学术领域之外，很少有人探究这个问题。不过有个例外，那就是宗教或哲学里所谈论到的"神之道"（Logos），但这一点我们暂且搁置不谈。"神之道"是一种形而上的概念，而我们要探讨的是跟体验比较接近的东西。在东方修行体系里，"心"（mind）指的是比头脑及思想更广泛的一切印象、思想过程及整个思维系统。换言之，所有的精神内涵都称为心。同时他们还企图理解心的本质是什么。这所有的印象是独自存在的或是从某个东西里产生的？这些印象是不是在神经系统里所产生的生理或电化学活动？这些思想、感觉或觉受到底源自何处？尤其是佛家体系，我们会发现它很认真地想理解心的本性，最根本的本质。

思想无来也无去，心是一片无碍无边的空无

在西方世界里，心理学家已经明确地采用"心理结构"或"精神结构"来描述 mind 的构成。其中的一种说法是，从童年到成年的过程里，mind 会发展出一种结构，但心理学家通常不会探讨那个超越或有别于 mind 的东西。

在东方的许多修行传承里，当人们想了解"大心"（big mind）的时候，他们往往不会去检视它的结构。他们只试图去体悟有没有一种心是超越结构的，或者这个结构是否由别的东西所创造出来的。这条探索的路线发展出了许多禅定体系，它们都在试图了解心识活动，留意它所有的印象和过程，它们很想知道是否还有别的东西存在。当心安定下来的时候会发生什么事？心念活动静止时剩下的是什么？据说一旦真的探入到逻辑活动的终点，你会发现存在的只有一片空无。如果所有的思想、觉受和感觉全都消失了，也就是经验的内容全都不见了，那时是根本找不到思想者、经验者或任何结构的。这便是所谓心的本质。东方修行体系一般认为心的本质就是空无，在这个典范里，思想是无来也无去的；它们来自于空无，也回归于空无。心最终只是一片无碍无边的空无。这空无并不是某个实存的空的东西。

心的本质就是空无，但即便是空这个观念，也必须转化成更深的对心之本质的体悟。只要有空间感存在，就有一个能经验到这空间感的人。若想彻底体认到心的本质，你的心必须开放、空无一物。一旦真的体认到心的本质，那种彻底寂静的状态是连观察者、经验、思想或标签都不存在的。你会持续地发现空无，甚至连心中的空间感都不见了，连那个发现自己的心空掉的人也不见了。这种状态有时被称为存在的基础。从这个角度来看，心是一切事物的基础，心是空无最终极的本质。

任何事物都需要空无才能存在，因此心不但是所有经验的基础，

也是万物的基础。它被视为实相最深、最根本的本质。当内在所有的活动静止下来的时候，根本是空无一物的。这并不意味有个人在那里企图找到某样东西。在看的过程里，起初你会去寻找自己，最后你会发现什么也找不到。这并不意味肉体不存在了，而是没有一个存有在那里制造、觉知或组织这些印象，也没有一个存有是超越这些现象之外的，存在的只有来来去去的念头活动，它们既没有来处也没有去处。然后所有的念头便止息了下来，彻底的空无就这么被揭露了出来。这便是实相最根本的本质，也是一切存在的基础。我们这里称之为真空，因为它感觉上很像太空。有时我们仍然会经验到空无及心意识活动的内涵，这意味着你尚未体认到真空。但如果你能允许自己洞察事物的源头，你就会体认到真空，也就是连空无都意识不到了。如果能意识到空无，那就还存在着一个能够探测的人，一个会问"那是什么"的人。但假如你进一步地探测，最后连空无的感觉都会消失，这才是真空。因此，像真空一样的空无可以深刻到将意识本身都消除掉。

没有一个"人"在经验无垠空间，是空无在经验空无

因为我们的正常意识在经验事物时永远会把自己和经验分开，所以我们无法在不改变、不限制、不认知的情况之下经验到空无。我们的正常意识是非常有限和受制的，它的倾向就是制约、局限、分化、分类以及把事物概念化。我们唯一可以经验到彻底空无的方式，就是让正常意识消失。它一旦消失，我们就会经验到无心状态，亦即心中所有的事物都空掉了。不只是心中的事物都空了，就连事物空掉的感觉也空了。

这种经验被称为止息或寂灭，彻底的死亡。其实死亡就是这么一回事，但是你不需要等肉体坏死的时候才经验到它，也不意味当你的

肉体死亡时，你就会经验到这种意识活动的寂灭。我曾经说过，人格所拥有的意识活动必须完全消失，另外一种意识才会出现，然后才能经验到完整、无碍、无限的空无。如果你处在自己的意识活动里，你不可能经验到无碍无边的境界。真的经验到无碍而彻底的空无时，你的意识本身就不再受限了，这意味着你不再有个人性，也不再跟经验对立。我们称这种无限的意识为宇宙意识或初心。

现在我们了解心的另一个定义就是纯粹意识，其中仍然有知觉作用，但这份知觉除了本身的作用力之外并没有一个对象。现在我们所要探讨的不仅仅是空无，而是心本身即是知觉或意识。我们会发现，每一个人、每一个有生命的东西都具有这纯粹意识。但是在我们的日常经验里，我们一直都会意识到某些东西，却从来不认识纯粹意识本身。我们永远都会意识到眼前的地毯、我的脚或我的心念等等，我们一向都把意识当成了意识的内涵，因为这就是我们有限知觉的运作方式。

发现意识纯粹的原貌，便是体验到了所谓的宇宙意识。一旦体验到心的本质即是纯粹意识，便体认到了"知"的本质。个人性意识必须经历自我的大死，才能重生为我们所描述过的宇宙意识，亦即个人性意识必须扩张成宇宙意识。那就像是空无在经验空无，而不是有一个人在那里经验无限的空间感。描述宇宙意识是很困难的事，要说明心就是纯粹意识也很困难，因为在那种状态里根本没有任何念头。只要念头一生起，念头的内涵就会把你和纯粹意识界分开来，因此纯粹意识里没有任何思想。你感觉自己的脑袋一直在扩张，意识在无限延伸，它既没有边界，也没有中心点。其中并没有一个人在那里看着某样东西，因为那种看是遍布的。每一样东西都变成了无碍无边的宇宙意识。

宽阔而空寂的心能如实觉知一切事物

若是从未体验过宇宙意识，是很难了解那种状态的，因为它超越了一般的理解层次。一旦去除了分别意识，包括纯粹意识这个概念，我们就能了知什么是宇宙意识。对大部分人而言，这是一种相当陌生的经验，因为我们所知道的意识都是有对象的。然而当我们经验到纯粹意识的时候，我们是觉知不到身体或任何念头的，经验、经验者或自我都不见了，这便是佛家所说的无我。佛家主张最终并没有一个"我"，因为处在宇宙意识里你根本经验不到自我。任何的实存感都会阻碍你经验这种无分别、无界分的开阔状态。

其实个人意识就是奠基于这无分别意识之上的，我们一直在利用它，但我们也一直在限制它。这种纯粹意识时常被经验成蓝空或蓝光，它是"知"的原始本质，又被称为意识的源头或知的源头，缺少了它，意识或知的作用就不见了。印度教及佛教的某些宗派把这原初意识视为心的本质，一种对心之本质的概念：把心看成是意识、能力或是知的本质。在认同自我的过程里，我们会逐渐把自己和它分开，然后就不再认识它而只会利用它。在日常生活里，当我们放松自我的执著倾向时，偶尔还是能感觉到这无分别意识。

在这个阶段的开显过程里，我们会跟另一个层面的本体相遇，有时我们称之为心的本质、清晰的分辨意识，或如实见到事物的真相。我们需要这份清晰的分辨意识才能在世间运作。我们不能只靠着宇宙意识而活。假设除了不二意识之外就没有其他东西了，那么你连走路或任何正常的活动都无法进行。不过这不二意识确实能解放你的经验，令无分别的基本特质融入你的经验中。这种发展被称为明镜般的辨识力，每一个人、事、物都能被如实地看见。处在这个次元的心能够清晰地洞察到空无即是色相，色相即是空无[1]。你的心是宽阔而空寂的，你的意识是解放的，所以它能如实觉知每样事物。所有经验的内涵都能被精确地觉知，而不带有想要操控、贴标签或无意识地评断的欲望。这又被称为澄明心，一种清晰而明确的觉知：

---

[1] 空即是色，色即是空，意指空寂本体与现象是一体而非对立的。

色相就是色相，思想就是思想，如此而已。所有的感受生起时是没有先入为主的印象或反应的，事物也不是经由主观镜片而被看见。澄明心在看事物的时候没有过去的成见，它是完全清新的，然而宇宙意识比这种品质更原始。宇宙意识就是能知能觉的这份作用力的本身，处在明镜一般的宇宙意识里，意识的基本作用只是在反映真相而没有任何曲解。

自我一旦彻底融入宇宙意识，便能经验无碍的空寂

原初意识或无分别之全知，乃是处于任何一种层次的心，体认到它最扩张状态的必要条件，亦即心扩张到宇宙意识的要素。举例而言，某人也许能经验到澄明心，但若是不能体认到无分别意识，那么此心仍然局限在清晰的头脑之内。假设心曾体验过宇宙意识，那么它就会扩张，而这纯粹意识又会跟澄明心融合，进而体悟到纯然明透、清晰、无碍及无中心点的境界。这无碍的澄明心有时也被视为空无本身，或是能觉知到空无的一种意识。它是彻底体认空无的必要条件，因此，若想了悟心和宇宙之间的关系，我们首先必须了解心的本质，亦即我们这里所谓的真空。真空不可能被彻底知晓，除非头脑里的分别意识完全消除。你这个独立出来的自我一旦彻底融入宇宙意识，那时明镜般的意识就会经验到完全无碍的空寂。在上一章里，当我们谈到融入的能力时，我们把这种状态称为纯粹意识，而当我们探讨到觉醒状态时，我们则称之为明镜般的意识。

空无曾经被各种方式描述和体认过：真空、蓝色意识或澄明心。我们所说的澄明心指的就是能够如实觉知事物的明透之心，而不是宇宙意识的无分别状态。当脑子里的活动又回复时，澄明心就消失了，不过这份空性还是没有被染着，即使有妄念、感觉或界分感，它也不会消失。一切事物都是这空无的一部分，都可以被视为色相。任何一

种有别于其他事物的存在都只是一种色相罢了，而色相只是空无的一个面向，这便是所谓的觉醒之心，禅宗称之为没有中心点的真空或心的本质。其中并没有一个独立出来的个体在觉知这空无，空无是被宇宙性的澄明心所觉知的。

这觉醒的澄明心可以在入睡之后仍然保持知觉。它除了在白天保持觉醒之外，入睡时仍然是祥和的。它保有了心的本质，它是一片深黑的寂静，或是能觉知到空寂的宇宙意识。不同的修行体系各自着重于三种不同的意识状态：（一）原初的无分别意识；（二）宇宙性的觉醒之心；（三）彻底祥和之心。心的本质可以被经验成蓝空、澄明或意识的黑色面向[1]，它们都可以被视为心之本质的一种状态。不过我们可以说心的本质便是彻底的空寂。彻底的空寂就是一种无分别意识、明透或是如夜空般的境界，但其中永远存在着一种能觉知到空无的精微意识。这种精微意识会被我们的个人意识所制约，以至于无法如实见到它，否则它是可以无限扩张的。

觉醒的感觉，如同甘露一样甜美

到目前为止，人类对 mind 的理解可以分为：思想和思维活动、所有的印象组合成的更广泛的内在活动、心的空寂本质、宇宙意识扩张到最后的一种彻底的空寂、觉醒之心及祥和之心。印度教通常强调的是无分别之心，佛家强调的是觉醒之心，伊斯兰教则注重祥和之心，但也不尽然如此。伊斯兰教传统所强调的是黑色祥和之心，卡巴（Kaaba）的核心教诲所教导的祈祷方式，通常要人们面对一块黑石头，去体会那一片深黑的祥和境界。Islam（伊斯兰）这个词源自于 Salaam，意思就是祥和，穆罕默德的旗帜也是黑色的。

心的本质就是空寂，亦即原初的、觉醒的、祥和的意识，而这份

---

1 藏密称之为黑成就心。

了解并不是一种形而上的概念或形而上的嗜好。缺乏这份了解，人类不可能自由，经验也不可能得到解脱。心必须被彻底了解，人类才能得到自由、解脱及安详。

我之前曾说过，东方所谓的 mind 便是西方所谓的 heart，mind 跟 heart 之间是有关联的。原初意识、觉醒的明透之心以及心的安详状态都是意识的某种形态，也是本体的不同面向，而本体即是心的精髓。东方人所说的"本源"指的就是本体、事物最深的本性或事物的核心。心的本质是空寂，而能够觉知到空寂的精微意识便是心的本源。但 mind 跟 heart 之间的关系还要更复杂一些。

heart 在这里被视为一个能够感知的器官，它是有意识、有觉知能力的。heart 有时也被称为 mind，因为 heart 就是 mind 最深的源头。从这个角度来看，mind 可以说是 heart 的理智面。但如果把 mind 理解成一种精微意识或本体的某个面向，那么 heart 与 mind 其实就是同一个东西。我们可以把 mind 视为觉知、明光或意识，而 heart 则可以被看成是爱和喜悦。当我们在心轮部位体悟到觉醒时，那通常会是一种清晰的喜悦感。当解脱的感觉出现时，你会在心轮部位体验到那份满足感。但是当解脱感在头部被经验到时，那份感觉则是一种净光或甜美的甘露。这两者其实是同一个意识。

我们所谓的爱其实就是意识，不过它所出现的部位是在心轮而非头部。同样地，意志力通常会在腹部被经验到。示现于头部的本体，感觉上就像是钻石，示现于心轮的本体则如同珍珠一般。无论从客观层次或是从个人性的情感层次来看，它们都属于同一个意识。

不同的传统强调不同的面向

我们现在已经明白 mind 与 heart 之间还有这更深一层的、超越个人性的关系，其实它们就是同一个东西。你可能会经验到清澈的甘露或清澈的钻石、蓝色甘露或蓝色钻石、金色甘露或金色钻石等等。这钻石的形象会被体验成一种意识或明透感。在心轮出现的珍珠形象，则会被体验成真实的、个人性的临在。你可能会同时经验到这两者，但不同的传统强调的往往是不同的面向。远东的修行体系强调的是根据理性或觉知来看待事物，其结果是开悟。中东的一神论传统所强调的则是爱，因此神跟人之间的关系就像是在谈恋爱一般，它们所达到的状态其实是相同的。

到目前为止我们已经探索了有关 mind 的各种概念。我们发现 mind 可以被视为思想或印象，但也可以从空无及本体的面向来检视 mind 的本质。这份理解会帮助我们自然导向最终的合一境界。

此外，我们也可以借由理解 Hu 的奥秘来认识合一之中的合一。在阿拉伯文里，合一境界被称为 Hu。如果我们体悟了 Hu，便彻底了悟合一境界。当我们的体悟逐渐深化时，会发现心中有一种活动是一直在朝着合一发展的，然而这股趋力到底源自何处？心是否还有一种更深的本质是我们尚未彻底明白的？那个能够创造出真空的东西就称为 Hu，而它便是一切事物最深的源头。最广大的合一经验一定能包容空与有、存在及不存在、真空与创生、存有及非存有，而这便是所谓的 Hu。

合一境界是否有动因？那个能够趋向合一境界的动因，不但是 mind 跟 heart 的本质，也是一切事物的本质。也许 mind、heart 和意志都不存在，存在的只有这动因。目前我们已经发现，mind 的活动、mind 的知觉以及它跟 heart 之间的关系都属于同一个本质。我们发现 mind 就像钻石一样的清澈，而 heart 则像流水或甘露。它们虽然有所不同，但是都朝向合一境界在活动。我们最深的、最真实的、最内在的本质便是合一境界，一种没有任何分别意识的彻底合一状态。这份最深的本质必须示现出来，才能带来真正的转化，因此它才会被称为 mind 的金丹或是开悟的金丹。为了学会合一，它会以你所需要的任何一种形式示现出来。如果你比较倾向于情感，它会以情感的形式揭露自己；如果你比较倾向于行动，它会以意志的形式示现自己。它爱你至深，甚至愿意降低自己以便你能认识它。

因此这合一的动因会借由转化你的经验、你的视野、你的意识、你的爱来帮你达到合一，而这转化和变形的过程是持续不断的。这里指的全部是内在经验。朝向合一的内在经验会通过你的人生反映出来，通过你的关系、你的工作、你的价值观及生活中所有的事物反映出来。总有一天它会将你的内在与外在、你的行动、你的思想和你的感觉完全统合。

你的内心有一种合一的动因，缺少了它，生命就消失了。它便是纯粹智慧，一切事物都是从这智慧之中产生的。它甚至能包容从无明之中所产生的愚昧和痛苦。这个最初始的因，每个人都拥有的本慧，正是合一的动因和希望。它会带领我们经历合一的过程，帮助我们达到最后的结果。它包含了分化和朝向分化的活动在内，因为即使是分化也是一种通往合一的巨大活动。每一个生命都有最根本的智慧，这份智慧即是最纯粹的光，而这光没有任何色彩的区分，它结合了所有色彩，包容所有性质，变成璀璨的明光——这明光就是它们最真实的本质。它是光中之光。

你能想象所有品质明亮到化成光是什么样的景况吗？

一切事物最深的本质正是这光源或合一的作用力。缺少了它，我们不可能成为人类，我们甚至连活着都不可能，它是我们存在最深的本性。它是实际存在的，你可能察觉不到它，但缺少了它，你根本不可能理解我现在所说的话。你真的可以觉知到它。令人惊讶的是，这合一的作用力就是自我转化的动因。它是奇妙而神秘的。首先，它会通过你的 heart 或 mind 的各种品质示现出来，它会让你认识自己的慈悲、爱或清明的理性，不过通常它会以自己的方式向你显现出来。Hu 会借由你自己的光显现出来，而你会在它示现的那一刻认清自己的真相。它会教导你什么是合一，让你的经验朝着更深的合一境界发展，最终它会以转化的动因或金丹的形态示现出来。它又被称为哲人之石、生命之水。

只要你的人格允许它运作，它就会开始彻底转化你，帮助你解决所有的心理议题。它会接二连三地让你看到你所有的问题，你只需要容许自己体验和认清这些问题就够了。它便是令转化朝向合一境界的动因。

所谓最终的合一到底是什么意思？当它在你的眼前不断改变时，它同时也不断地在转化你的人格，使你更能适应它。它使你从本体的某种品质变成另一种品质，直到你所有的意识彻底示现出来为止。它是 mind、heart、意志及所有品质的圆成。有时它也被称为"天父"，因为它就像是一个高高在上的瞭望者、保护者或是全知者。你不能以光明、爱、本质、真空或存在来形容它，你无法在物质现实里找到与它等同的东西。在物质现实里我们看到的只有分化，我们看见的一切品质都是以分化的形式出现的。我们会发现绿色代表的是慈悲和生命力，红色代表的是力量或能量，晴空代表的是明透之心，黄色代表的是喜悦，而金色代表的则是真相。每一种颜色都会变得越来越明亮，连黑色都会变得闪闪发光。真空本身就带着光。你能想象所有的品质变得越来越明亮，直到一切都化为光，会是什么景况吗？开悟的金丹便是明光本身，这光不属于任何一种东西，这光的本身就是一切事物的源头。

因此，万物的合一境界就是全然的光明，以及最开阔、最本然的状态。万物自我表达最终极的面貌就是炫目的净光，它耀眼到令你无法逼视。这光可能被经验成澄明心，或是能粉碎一切黑暗及愚昧的爆发性智慧，同时也是最纯粹、最细腻、最温柔的爱，以及最坚强的意志。这三种品质都属于本体之光，而这光便是万事万物的源头和最深的本质。

合一境界超越所有对立，最深的折磨也像是一场舞蹈

　　从这个角度来看，合一境界才是唯一的存在。尚未达到宇宙意识之前，你会把它看成是外在的光或是这个、那个，但界分感一消除掉，你就是它了，其他什么东西都不存在了。那时一切的存在都变成了 Hu 的光。当这光出现在你的头部时，你就好像被这闪耀的光灌醉了，你彻底醉了，也彻底觉醒了。你感到心神荡漾，充满着大乐。它超越了所有的经验和非经验，能观与所观的对立问题因为它而完全消弭，剩下的只有这宇宙之舞了，就算是最深的折磨也是一场舞蹈。它能粉碎一切思想，所以上述这些念头并没有产生，它是我们心中一向都存在的事实，也是使我们朝着它演化的种子。除非你认识它，否则意识是无法安歇的。我们的心渴望它，而它的活动就是真正的意志。若想达到合一境界，你的心必须合一，如果体认不到合一，合一境界就不会出现。这便是合一的动因会被称为开悟种子的缘故。

　　苏菲用 Hu 这个字来代表绝对真相、最根本的基础和本质，或是尚未被概念化之前的空无。因此更正确的说法应该是，Hu 是超越色彩与意识的。绝对真相是尚未示现出来的合一境界，而净光则是示现出来的合一境界。我们可以说，从绝对真相之中示现出来的第一种状态便是净光或内在的本慧。这终极真相是这么的神秘，我们只能把它体认成一种明光。这纯粹的明光乃是最原初的智慧，分化尚未产生之前的合一。它就是一切事物的开端。

第三章 无有疑惑的了知

  本体很清楚你的自我形象并不是你。除非你真的体认到这一点，否则你一定会继续从自我形象的角度来看待自己。解决这个心理议题最终的了知便是源自于本体，它不可能在情绪次元得到解决，因为在那个层次上，拼图的某一片不见了，而这一片就是本体。

有人曾经问过佛陀,什么是他悟道经验中最重要的事,他回答说:"无有疑惑的了知。"今天我们要来认识一下"无有疑惑的了知"是什么意思。

我们一旦对自己的内在发展或自我了悟产生兴趣,就会开始想在自己的心地上下工夫,以便去除生活中的挫折与痛苦。我们从苦开始产生动机,而我们以为有了解决的办法就不再受苦了,"我到这里来进行内在工作,是因为我觉得很痛苦。如果我开始感觉快乐,那么显然我的问题已经得到了解决。因此请教给我永远保持快乐的方法,这才是我真正想要的东西。"

有些人会很诚实地表达他们想要的是什么,不过大部分的人都会掩饰心中真正的想法。他们会说他们想要的是对本体的认识或是更了解自己,这样就能运用那份理解来找到快乐。然而他们所追求的快乐或内在发展到底是什么?其实他们真正想要的只是改善自己,得到母亲的爱和父亲的赞许,或是得到某个人的青睐之后坠入爱河。你会发现他们基本的动机还是想去除痛苦——不被爱的痛苦、得不到赞许的痛苦或是孤独的痛苦。

然而痛苦和不幸主要是源自于无明。你不知道情绪的本质、内在驱力或心智的运作是怎么一回事,你对自己行为的动机缺乏真正的认识。

现在你说:"很好,请给我这份认识和理解!"其实你仍然把这份认识当成了一种达到目的的手段。你认为一旦达到目的就能得到自己想要的东西,从此一切都会变得美好。只要你还抱持这种态度,那么不论你多么了解自己，多么投入于内在工作，都只会徒增痛苦。因为你始终不认识自己真正的本质。

以为理所当然的自我形象，其实并不是真实的

"无有疑惑的了知"确实能解决一个人的痛苦，不过痛苦的解除只是一种副作用，它并不是自我探索主要的焦点。只要你把焦点放在寻求快乐、逃避痛苦，你一定会加重自己的痛苦。

现在你们的心里可能都在想："那我应该怎么办？"但即使是这个问题，也是源自于想得到快乐的一种念头。然而到底是谁在问这个问题？是不是那个正在受苦而不想再苦下去的人？所以你已经掉到陷阱里了。其实你什么也不能做，什么也不能说，你的每一个念头都会加重趋乐避苦的倾向。这真是一个进退两难之局：渴望快乐使你制造出了更多的痛苦。

让我们再进一步探索一下"无有疑惑的了知"。跳脱这进退两难之局的关键就在于"无有疑惑"这几个字。"无有疑惑"虽无关于前景，但又突出前景。"无有疑惑"不是你心中的一种想法或是你想要达到的一种状态，而是你存在的真相。"无有疑惑"意味着那份理解已经深入到你的精髓，它已经成为你的感觉、你思维的方式、你跟人互动模式的一部分了。

在我们的内在工作里，一开始你必须了解一些基本的东西——情绪的伪装及心理模式，还有它们之间的关系。一开始你必须观察和留意，你会因此而发现自己的某些真相。这并不是一种头脑上的认知，而是一种经验上的了知。了知情绪上的伪装并不意味制造出一番自我描述，而是要有一份深刻的体认。你必须完全体认到心中的真相，同时也认清自己的情绪、态度与行为之间的关系。一开始你必须做到这一点，但这还不够。只是了解情绪上的伪装并不足以使你产生无有疑

惑的了知。

以自我形象为例，你会发现就因为你对自己抱持着既定的概念或印象，所以心中才产生了冲突和困难。如果你认为自己是一个懦弱的人，你就会表现出懦弱的行为，你不可能做出那些强者才能做出的事。

能够认出自我形象并且理解它，你就可以不受制于它。譬如你认为自己很丑，你的心理治疗师可能会说："看看镜子里的你。"你看了一眼，心中并不是十分确定，"也许我的长相并没有想象中那么糟。但如果鼻子短一点就不会那么丑了。"但即使你能认清这个自我形象，你还是无法摆脱掉它，因为在情绪的层次上，你是通过与某些人比较而产生这个自我形象的。你的超我告诉你美丽的女人都有个小鼻子，于是你就认定了这个标准。每当你感觉哪里不对劲的时候，你立刻会想起自己的鼻子。如果某人拒绝了你，你立刻会认为他不接受的是你的鼻子。能够使你从这种意象之中解放出来的了知，并不是来自于情绪次元，你必须有一种理智上的认识，才能去除这个自我形象。从最根本上来看，你既不是自己的自我形象，也不是一种概念，你是另一个东西。你的鼻子无论大小，都跟真正的你毫无关系。

体认到真空，你就会发现自己是没有定义的

我刚才所谈的这一切，你都可以在那些对治自我形象的书籍里找到。譬如佛陀曾经说过："你并不是你的自我形象。"这时你心里就会想："喔，真好，我并不是我的自我形象。所以我的鼻子跟真正我没什么关系。太好了！从现在起我可以忘掉我的鼻子了！"两个钟头以后，某人看了你一眼，那一刻你心里竟然只有一个念头："喔，天哪，他一定认为我的鼻子太大了！"可是此人也许认为你

美极了，而你却只是挂记着自己的鼻子。所以重点并不在于你读了什么、佛陀说了什么，而在于你是否拥有这份不再挂碍自我形象的了知。

想要爱或被爱的模式

这就是本体会这么有价值的原因，因为它能带给你别人所不能给你的理解和认识。如果深入探查自我形象这个议题，你一定会发现与某个自我形象攸关的本体面向。一旦有了这层发现，你就会在没有自我形象的状况之下经验到本体，其中一定有开放性和内在的空间感。当你发展出自我形象并且信以为真的时候，这个本体的面向就不见了。自我形象永远有一种界限——属于身体、情绪或概念上的界限。一旦体认到真空，你就会发现自己是没有界限、没有定义，而只有无限的空间。

本体自身就是一种了知，它很清楚你的自我形象并不是你。但除非你真的体认到没有自我形象的你，否则你不会知道有这个可能性，你会继续从自我形象的角度来看待自己。我们现在已经明白，解决这个心理议题最终的了知原来是出自于本体。它不可能在情绪次元得到解决，因为在那个层次上，拼图的某一片不见了，而这一片就是本体。本体能提供必要的理解来消解掉这个议题。

你们大部分的人都已经很熟悉了，这便是我们所谓的坑洞理论，不过我要再一次从自我形象和真空的角度来作一些解释，我们必须谈谈另一个心理议题——想要爱或被爱的需求。如果你观察自己的行为和生活，你会发现你需要爱。你看到了你的模式、企图得到爱的方式，以及你的人格为了得到那份爱，而被大人塑造成一个好女孩或坚强男孩的过程。然后你会更深入地发现，你想要爱是因为你的母亲没有真正爱过你。这些发现都很好，因为它们使事情变得很明朗。

如果继续观察和探索爱这个议题，你会发现自己的内在有一种匮乏感。你会发现自己对爱的需求就是从匮乏和空虚感产生的，它永远想从外面得到满足。如果你安住于这份渴求之上，深深地去感觉你对那份爱的渴望，就会体认到这份匮乏感。你会体认到当你还是个孩子的时候，已经丧失了自己的爱，而坑洞就是这么形成的。这会勾起因为不被爱而造成的伤痛，那是很深的一份创伤——如果你允许自己充分经验这份创伤，它会变成一个喷泉，涌出爱的喷泉。你会因此而认清本体便是爱，它就是跟爱的议题有关的那一片失落的拼图。现在你终于拥有了爱——不是从外面得到的，而是从你的本体涌出来的。体认到这本体之爱，能够消解掉想从外在填补空虚的需求，如同真空和空无能消除自我形象的议题一样。

若贪图本体所带来的满足，你仍旧是痛苦的

然而这份体认还不足以消解掉这个议题，你对爱的欲望以及操纵它的方式也许变得越来越细微，但是它仍然没有完全消失，这是因为你尚未拥有毫无疑惑的了知。你还没有从毫无疑惑的了知去看待你的经验、爱、空性或其他的本体面向。一旦体认到甜美、强烈和圆满的本体之爱，你就会对自己说："这份爱的感觉是我经验过最美好的事，如果它消失了，我就无法拥有它了。我要永远抓住它。"

然而是谁在说这些话？你到底学会了什么？虽然有了爱的体验，可这爱并没有转化你。你对待它的方式，跟你的人格对待自己想要的东西的态度是一样的。"如果我拥有了这美好的爱，别人就会看到我有多么耀眼，多么有爱心，这样他们就会爱上我，而我从此便可以过着快乐的生活了。"其实你一点也没变。以前你想得到的是外在的东西，现在你又想通过内在的东西来得到外在的东西！

这显然不是无有疑惑的了知，这是唯物倾向。以前你搜集的是钱、衣物、爱人，现在你想搜集的是爱、喜悦、力量。"看看我所拥有的这些美好的东西！现在我终于可以把这些东西拿给妈妈看，这样她就会看到我的真相而开始爱我，然后我就会快乐了。"你还是老样子，并没有什么进展。你又回到了一开始的模样。

人格的这种追求快乐的倾向，以及贪求本体所带来的最深满足，造成了爱的丧失，为自己带来了更多的不幸，而它本来就擅长制造不幸。除非这种倾向能消解掉，否则你对待本体的方式跟你对待任何物质将会是完全一样的。你所认同的仍然是人格、贪欲和痛苦。

你心里可能在琢磨到底如何才能得到这解脱人格的了知。"喔，请告诉我它到底是什么！这样我才能得到快乐，摆脱掉我的人格。"你认得出这份倾向吗？显然你对它并不清楚，更别说是无有疑惑的了知了。

观察、聆听、质疑，接纳自己的感觉而不信以为真

你不妨发展出一种截然不同的态度来面对你的经验，你可以聆听它，看看从不同的角度来看事情是什么感觉。你可以体验那甜美的爱，同时观察一下伴随着这份经验而来的其他反应。"我的女朋友似乎对我很光火，但是我仍然爱她，这真是奇怪。通常当她对我生气时我会不能忍受，可是今天我却一点也不介意。我甚至更爱她。因为我完全能了解她为什么生气，她一定觉得自己受伤了。"这时你联想到某个说过你闲话的朋友。你当时对他很生气，而你现在很想知道那股怒气还在不在。

"当我想到他的时候仍然感到十分甜美，这真是奇怪极了，我应该恨他才对。等一等！不只是对他，几乎对每一个人我都能感觉到一份爱。通常只有在别人对我好的时候，我才会喜欢他，可是现在不

管别人对我好不好，我都无所谓了。我对他们都能一视同仁，这真是奇怪。"你可能会发现你的爱一向都是有条件的，然而爱并不是这样的。爱与你人格的条件毫无关系。爱就是你的真相。

第二天早上起来，你还是能感觉到那份爱。可是当你想起那个说你闲话的朋友时，心中的反应却是："那个杂种！他以为他是谁啊？竟敢在我的背后说这种话！"当你的女朋友端上你的早餐时，你发现她做的是炒蛋而不是荷包蛋，于是你脱口而出："你怎么连我喜欢吃荷包蛋都不记得了？如果连这点小事都记不得，那就表示你并不爱我。"于是你夺门而出。

发生这样的事没什么大不了，可是如果你昨天才经验到本体之爱，你就会思索："等一等！到底发生了什么事？昨天我还对我的女朋友充满着爱，现在我却恨不得她快点死掉。这真是有趣，不知道我到底发生了什么事？"

现在出现了两种选择：你可以对眼前所发生的事保持开放和好奇，然后从本体的角度来观察它。或者你可以从人格的角度来观察它，这意味着你会觉得你曾经拥有过一样美好的东西，而现在你已经失去了它。你可能以为你失去了这份爱，是因为她没有做你爱吃的荷包蛋。

假设你从本体的角度来看这个经验，你就会观察它、聆听它、质疑它。你可能会因此而了解是什么东西让你产生了这种感觉，是什么东西障碍住了你的爱，为什么你的爱会出现，然后又消失。你学会接纳自己的感觉而不信以为真或对其产生反应，因为你知道，心中有某些东西是你还不了解的。你察觉到你对它欠缺认识，你心中有一种无明，否则你不可能有这种感觉。

允许你的人格被本体揭穿，会带来无有疑惑的了知

随着时间的进展，这份开放和容许的态度会成为你日常生活的一

部分。你会逐渐获得一种整体的了解，你会认清事件和感觉之间的关系，事情是怎么运作的，为什么有时你能感受到爱，有时却不能。这不仅仅是一种头脑的认知，它会变成你存在和行为的一部分。你不再认同你的人格，你可以开放地了解你的感觉是怎么一回事，以及它们带来的到底是快乐或痛苦。你会了解你的本体具有一种可以转化人格的智慧，它是跟你的人格分开的，它能够释放你心中的障碍，使你产生更深的理解，而这便是无有疑惑的了知。本体会以最根本的方式来教导你，它提供给你的智慧不是其他东西可以取代的。如果你能充分觉察本体之爱，你就会发现这份爱是扎根在你内心的，它没有任何偏见、喜好或自私的倾向。

你逐渐会了解自我的个性、倾向和偏好才是问题所在。如果你是从人格的角度去建立起和本体的关系，如果你只想要那些让你舒服的东西而从不质疑这件事，如果你不想要那些让你不舒服的东西也从不质疑这件事，那么你就是在助长人格的贪婪倾向，你会让你的人格变得更愚钝。缺乏本体的某些品质，不具足爱、价值感或喜悦并不是问题所在，任由人格的模式延续下去才是真正的问题。你必须允许你的人格被本体揭穿，不论那是一种什么感觉，这样的情况才会真的改变。

人格可以变成本体的透明工具

从无有疑惑的了知这件事来看，你会发现内在工作会经历好几个阶段。首先是人格对本体一无所知，然后你会开始看见人格的模式，而且能脱离这些模式发现本体。第二个阶段的进展能够让本体在人格上做工并且转化它。最后出现的才是人格的彻底转化——无有疑惑的了知。即使本体并没有清楚地示现出来，在这个阶段里，人格仍然没有任何固着的模式，它和本体是没有分别的。这样的心灵便已彻底转化了。

　　起先你会发现你的本体，然后你会放下你对本体的执著，只有如此，人格才能成长。最后剩下的便是无有疑惑的了知，也就是对事物真正的理解。起初你以为爱是这样或那样的，但是当爱彻底统合时你才发现，做个什么都不是的人和做个有爱心的人原来是同一回事。感觉到爱和感觉到空无是相同的事。

　　我们确实需要发现本体、确立本体所有的面向和得到解脱，但这并不是为了使人格变得更好，这么做并不是要让人格说："喔，太棒了！我已经开悟了。我终于可以用它来得到我想要的东西了！"真正的重点是人格终于认清自己已经破产了，原来它的存在才是真正的问题。缺少了本体，这份了悟不可能出现，这便是本体的价值所在。只有当本体出现时，你的人格才能成长。除非爱已经出现，否则你不可能知道什么是爱。除非慈悲已经出现了，否则你不会知道什么是慈悲。本体的品质、智慧和理解必须变成你结构的一部分，然后你就能展现出慈悲而不觉得自己是慈悲的，能够爱而不觉得自己在爱，尊贵而不觉得自己是尊贵的。你会展现出本体所有的品质而不意识到它们的存在，因为人格本身已经变成了这份无有疑惑的了知。你不再有想要某个东西而不想要另一个东西的问题了，这时你的行为、你过生活的方式都能依照实相而进行。

　　我所说的这些观点，主要是在探讨我们和内在工作及本体应该建立起什么样的关系。本体是不会消失的，它会一直伴随着你，它就是你，但是你不能过度关注这件事。任何的关注都是源自于人格，即使你关注的是本体。起初当你开始在人格上下工夫时，你必须关注本体，你必须了解你的关注，直到你不再关注为止，那时你就轻松了。

　　我可以用很简单的几句话来说明这件事：缺少本体的人格就是苦难，执著于本体的人格则是灾难。人格可以变成本体的透明工具。一且认清自己的本质就是本体——一种珍贵无比的存在，而这份认识已经统合到变成了你的第二本质，那时转化就真正发生了。这才是无有疑惑的了知。

第四章 执著于空无

你无法体认到执著本身，因为你一直专注在你所执著的对象身上，心里想的尽是你所执著的人、事物或经验。你以为你想得到某个东西，其实你真正得到的只是对它的执著罢了。如果你能直接体认到执著，并且觉知到那份感受，你就会停止对它的迷恋。

观察一下你的人生,充斥着它的究竟是什么东西?不论你在看什么,不论你在想什么,不论你在注意着什么,它都会出现,而且你一直想拥有更多的它。它是一个很容易得到的东西,容易到你不断地在累积它,你甚至无法想象生活中缺少了它是什么模样。缺少了它,所有的事都变得没有意义、没有价值了。

每一个人最爱的这个东西就是"执著"(attachment)。如果你看看自己,看看自己的人格、心智、感觉和关系,你会发现执著是无所不在的。你随时都在企图用一些你喜欢的东西来填满生活,然而这些东西你一向都不缺,所以你其实是以对它们的执著来填满自己。你执著于一个人、另一个人、第三个人、某辆车、另一辆车,不论你执著的东西是物质的、心智的或心灵的,你都不断地在换对象,然而执著的倾向一直没改变。你永远都想用执著来填满自己,执著本身比你所执著的事物要巨大得多,它在你的生命中是无所不在、无所不能的。它就是你的主宰。累积执著是很容易的事,你一生都在不断地累积它们。

执著的根源乃是对彻底合一的渴望

你能够从执著那儿得到什么?首先让我们来看一看你所认为的执著是什么,然后再来审视一下执著到底是什么、有哪些层次以及如何解脱它。假设你正执著于某个人,这是一种非常典型的执著对象。让我说得更具体一点:你正执著于某人的身体。执著于某人或某个身体,

第四章 执著于空无

跟喜欢某人或享受那个人的身体是不同的两回事，这也跟爱那个人是不同的。我们有时会说我们爱那个人，我们执著于他，但这份执著其实是一种造作或紧抓着某人不放的内在态度。

执著跟分离是相反的。当你执著于某个东西或某人时，你的行为就像糨糊一般，你不想失去你所执著的对象。你只想跟对方联结、融合或合一。如果你执著于某人的身体，你就会渴望跟那个身体合一。在歌曲、小说和故事里，这样的爱是被理想化的：找到你的另外一半，变得完整，结合成一体。你渴望的是与对方联结或融合到不再有主客之分，不再有你我之分。你希望这样的状态能永远不变，不论你对所执著的对象是爱还是恨，你都紧抓着对方不放。这便是执著之爱。

你会执著于任何一个你认为会带给你安全感或快乐的东西——梦想、理念、感觉、人、车子、房子等等，有的人甚至执著于恨。表面上你可能觉得你只是想要一个东西，但如果看进内心的执著活动，你会发现你渴望的其实是跟那个东西合一。有时这也被称为"八爪鱼心态"，因为执著就是一种想要吃掉对方的欲望——"我爱你，你看起来可口极了。"那是一种黏着的机制作用，就像是想把对方吃下去一样。执著之爱是被一份想要融合、联结或合一的欲望所驱动的。你以为你会得到对方，其实你得到的只是你的执著罢了，因为真正的融合状态，不可能通过紧抓不放的态度而达到。

执著涉及的是某个东西执著于另一个东西，某个主体执著于一个客体。这是一种想要消除界限的欲望，可是处于执著之中，界限却被制造了出来。因为你制造出了两个人，其中的一个执著于另一个。我想要"那个"，因此便有了我和"那个"的区分，而"我"竟然还想永远拥有"那个"。这其实是对合一或联结的一份误解。真正的合一意味着两人之间的界限彻底消除了，那时已经不再有某个人执著于另一个人，不再有八爪鱼和它的猎物之分，存在的只剩下一个东西。

理解、智慧及认清事情的真相，能使人摆脱执著

　　从最根本的角度来看，执著是被欲望和恐惧制造出来的，我们渴望的是美好，恐惧不美好，我们渴望快乐害怕痛苦，乞求生而畏惧死。如果你检查一下恐惧和欲望，你会发现恐惧永远是基于欲望的。对死亡的恐惧就意味着对活着的渴望。反之，害怕活下去则会渴望死亡。会出现渴望是因为我们欠缺理解，只有理解、智慧或认清事情的真相才能使人摆脱执著。因此我们可以说，执著是源自于恐惧和欲望，而恐惧是源自于欲望，欲望则是源自于缺乏理解或无明。如果蒙昧无明，就会产生执著，看不清楚合一乃是一种界限消失的境界。我们的执著制造出了诸多的界限，令我们无法获得我们真正想要的东西。

　　从外表上看来，执著似乎是一种紧抓不放的态度，它势必会制造出主客之分。执著本是源自于一份信念——眼前存在的这两个东西是分开的，而你渴望的是让这两个东西合而为一。当然，要你理解合一与二元对立之间的关系是很困难的事，因为合一境界通常并不是你所渴望的，你真正渴望的只是那合一境界的反映的反映的反映。如果你逐一揭露一层又一层的幻象，而终于认清你真正渴求的对象是什么，那时你才会彻底了解"一"与"二"之间的二元对立性。

　　你如果想买一辆车，你很难想象你渴望的其实是跟那辆车合一。然而在最深的层次上，合一才是你最想要的东西。但是你到底想从那辆车得到什么？你想要一份美好的感觉，对不对？你想要让某个人赞美你，把你看成是一个富有的人，然后让自己产生一份美好的感觉。然而你为什么想要这些东西？因为你渴望快乐和赞许。可是你为什么渴望这些东西？因为这样你心中才会有和谐。赞许会带来一种和谐感，

也就是一种没有限制的解放状态。

　　所有的执著最终都是对这个状态的依恋。我们所执著的一切对象，都是对这个状态的情感转移。执著本是想达到合一的一种被误导的企图。你以为你想要某个东西，于是你开始对它产生执著，所以你会累积东西——你的衣物、你对外表的在乎、男友或女友、丈夫或妻子、孩子、父母、艺术品、创作、感觉、经验、本体、人格等。任何一个可以被客体化的事物都可以变成你执著的对象。执著必须有一个具体的对象，一个可以执著的客体，然而主客对立就是合一境界的丧失。一旦认清了这一点，我们就会明白，即使是上帝也会变成我们所执著的对象。

　　观察一下你日常的经验，里面的每一样事物都是客体，而且不论你喜不喜欢它，你都会执著于它。如果你喜欢某个东西，那是一种正向的执著，你会因此而紧抓着它不放。如果你不喜欢某个东西，那就是一种负向的执著，而你会急着想把它推开。拒绝之中也有一份执著，因为当你企图推开某个东西时，你的心一定想抓住另一个东西。这便是执著向外所示现出来的样貌。但是在感觉上，执著并不是这些渴欲的觉受。譬如你误以为你不能失去某个人，如果失去了他，你会有一种巨大的失落感，因为你爱他。大部分的人只会注意到他们所执著的对象，但如果真的看见了执著本身，他们就会开始从热恋的感觉里解脱出来。

紧抓着天堂，便是地狱

　　因此我们现在要问的是，执著到底是什么？首先你必须认清你所有的痛苦，尤其是情绪上的苦，都是源自于执著。只要你执著于某个东西，你就会因为害怕失去它而感到痛苦，因为无法拥有它而又感到挫败。这其中是不可能有宁静或祥和的，因为你必须竭力不让你所执著的对象跑掉，而这份挫败感、这份执著便是苦的本质。如果能直接感受到执著本身，你就会发现它和痛苦及地狱的关系。感觉上它就像是地狱之火一般炽热难挨。它正是苦的源头，因为它就是纯粹的挫败、纯粹的痛苦、纯粹的不满与焦虑，我们称这种状态为负向融合状态。

本来你所渴望的是真正的融合感，得到的却是负向的融合感。负向融合状态并不是真正的融合，那是二元对立企图变成一体，却仍然维持着二元对立。因为融合不可能发生，所以其中永远有挫败。这种负向融合状态便是地狱，但这并不意味从其中解脱出来就会进天堂。我们总以为天堂是毫无痛苦的、祥和的、舒适的、圆满的。上述这一切状态其实就是我们的圆满本体，但如果你执著于本体，你增加的会是什么？绝非天堂而是地狱。我们不可能因为想进天堂而从地狱之中解脱出来。

我们必须客观地认清执著的恶性循环的根由，必须如实看见痛苦的根本是什么。如果你不再把焦点放在你想拥有而紧抓不放的事物之上，而只是如实地经验执著的感觉，你就会发现那是令人无法忍受的一种深埋的苦恼，我们通常会借着转移焦点去逃避这种感觉。每当你在执著时，你都是处在这种痛苦里而不自知。因此接下来出现了一个很明显的问题：我们该怎么办？这个问题又出自何处呢？它显然是出自于趋乐避苦和逃避挫折的一种倾向，而这正是执著的本性，也是所有欲望的源头，就像吞吃自己尾巴的那条蛇一样。

若想认清这整件事并不容易，从这个恶性循环里解脱出来更非易事。你必须彻底理解整个情况，必须去感受每一件事，才会了解什么是执著。你现在即使听进去这番道理，仍然会以执著的态度来过你的生活，因为执著有一大部分是来自于你的无意识。这番讨论只不过是提出一个方向罢了。

痛苦与快乐是不可分的，天堂和地狱也是无法区隔的。心理上的

第四章 执著于空无

痛苦正是源自于对快乐的执著，而这便是所有苦恼的源头。当然我们的心是不会这么想的。心总是认为只要你喜欢某个东西，就应该去追求它，这样你才会得到它。心并不认识真正的实相，因为它的运作是源自于无明。

自我形象被各种执著所喂养，但它其实是不存在的

我们最深的执著之一就是我们的自我形象，包括我们看待自己以及别人看待我们的方式。自我形象指的是我们所认为的自己、想成为的状态，以及想拥有的事物。我们所执著的自我形象多半是负面的，如果你自认为是个好人，那么你就会不断地证明自己是个好人，你所执著的自我形象可能是善良、强壮、有权力、富有、美丽、受人欢迎等等。这些都是最肤浅的自我形象，而大部分的人都活在其中，最普遍的意识层次都是聚焦于这些肤浅形象的。

我们通常会认同我们的自我形象，认为这些形象就是自己，这种对身份的认同便是执著的源头。我们不断地为自己的形象或自我实践而奋斗，不断地想要保证它，让这个形象永恒不变，这才是我们真正执著的东西。自我形象会被各种的执著所喂养，从你的耳环到你的朋友，从你的兴趣、好恶到你的概念和感觉，或是你的人生哲学，任何时刻你所专注的对象都会助长你的自我形象。我们这里所进行的内在工作就是要反过来消解掉这些自我形象。所谓的消解指的就是认清自我形象根本是不存在的。消解掉某种身份认同，便是去认清你并不是它，而你在这个形象上所创造出来的生活模式也不是你。你认为缺少了这些东西你就不存在了，缺少了这些概念、事物、执著，你就不再是你了。

因此，第一种层次的执著总是伴随着第一种层次的身份认同。它跟你的身份证有关。你的自我形象越大，你拥有的"卡"就越多。假

如一个人想要改变自我的形象，他就会去申请另一个种类的卡。在现代社会里，人们真的是这么认为的：你的重要性时常取决于皮夹里卡的数量或种类。没有卡，你哪儿也进不去。在银行里，你所有的卡都可以证明你是有些价值的，而这种现象确实会影响到我们的意识，整个文化都受到它的影响。只有当我们认清这样的心态时，才有消弭它的机会，譬如只要你一发现："喔，我认为这就是我。"便要立刻检查："这真的是我吗？"如此才能把你所认同的身份变得透明一点。你的诚实和理解可以消融这些自我形象，如同真相一旦被看到，假相自然会消解掉一样。任何一种形象有了改变时，你都会有自由的感觉。你的心中会出现我们所谓的空间。

当空间出现时，你的心里是没有任何画面和界限的。但自我形象一定有界限，一种攸关自己的画面。空间则会抹掉你的界限，抹掉你驾驶执照上的照片等等。你将不再从"卡"的角度来认识自己。当你不再抱持着自我意象时，空间就出现了。这便是第一个层次的空无。

外在的自我形象不能为我这个人下定义

下一个层次的执著是源自于我们对身体所抱持的意象。其实在最深的层次上，你的自我形象就是基于你的身体形象的。我所谓的"身体形象"包括了你的身材、你对自己身材的感觉、对整个身体的感觉、对身体器官及其运作的感觉。当你放掉外在的持卡人身份之后，就会发现自己认同的是身体形象，你会去感觉自己，注意自己的外表，并且认为跟自己更接近了。如果你觉得自己很美，你会喜欢自己；如果觉得不美，就会讨厌自己。你不断地衡量自己是胖是瘦，嘴长得好看但鼻子不怎么对劲等等。这些私密的感觉非常重要，"我的阴茎够不够大？""我的胸部够不够大？""我想要一个胸部丰满的女友。""我要去健身，让我的身材结实一点。"这些都是很明显的对身体形象的考量，其他的自我形象也是基于这个核心的自我形象之上。肉体的自我形象所以会出现，不只是因为你对自己的身材有所考量，同时也有你对身体的知觉运作以及与其互动关系的考量。

假设你深入到身体或身体形象的层次，你会发现你所抱持的身体形象并不是正确的。大部分的人看不到自己的身体，很多貌美的女人并不认为自己美丽。这种错误的自我形象制造出各种不正常的心态：我要变得更美一点，我要这样的发型，要拥有某种类型的朋友，要生活在这样的环境里，要穿最时髦的衣服等等。从最根本上看来，这些都是对身体形象的错误观点，所以我们必须了解自己的身体形象，因为它攸关我们的身份认同。

了解你的身体形象，认清你无意识里的身体形象，再拿这些形象和你真正的模样对比一下，就能更正你对自己的误解了。这么做同时能减少执著，因为执著就是从这份误解里产生的。而这又会带来下一个层次的空无，我们称之为高密度空无。因为身体和自我对比之下是密度较高的，而感觉上也是如此。因此，另一个层次的空无会出现，而它能理解我们的身体形象，进而抹除或更正这个形象，也能减少我们对身体形象的执著，现在我们终于认清我并不是我的身体形象。起先我们解放的是我们的身份认同、外在的自我形象，然后我们又解放了我们外在的身体形象。

了解你和身体的关系，以及对它的执著

接下来一层的身份认同就是我所谓的内在身体形象，或是与形象无关的对身体的认同感。内在的身体形象是这个层次的身份认同的核心，这时我们认同的是身体实际上的感觉，它会形成我们的身体形象和自我形象。身体内部的知觉——它带给你的感觉不论冷或热、粗钝或柔细、愉悦或痛苦、流畅或僵固、紧张或放松——都会形成一种身

份认同。

　　这份内在的身体形象会制造出我们对身体的执著,对肉体存在的执著,你必须认清这也不是你真实的身份。这个阶段必须超越的是身体内部的感觉所带给你的自我形象,这份自我形象又更私密一些。到了某个阶段你就会发现,你误以为执著于身体才能拥有它,以为你需要一些紧张和压力,才能真的感觉到身体的存在。如果完全放松,你会觉得身体快要飘走了,所以你必须抓着它不放!这种紧抓着不放的倾向就是压力,但如果深入于这份压力和紧张,你就能感受到执著是什么,它便是地狱。

　　所以你必须了解你和身体之间的关系,认清你是如何在认同你的身体,而这份认同又如何造成了你对身体的执著。你以为你的身体就是你,终此一生你都执著于它,因此你从未放松过。这个层次的身份认同,包含了所有对肉体愉悦感的正向执著及负向执著,其中包含了性快感、身体接触的快感、活动的快感、静止的快感,以及所有对愉悦感的执著或是对缺乏愉悦感的执著。对身体的执著还包括了肉体所带给你的意义,以及你认为它能够带给你的快乐、慰藉和安全感。这些感觉都没什么错,但问题是,执著于它们一定会制造出一份误解,而这份误解感觉起来就像是地狱和极大的挫败。我并不是说你不该渴求这些快感,我的重点是,对它们的执著将无可避免地造成痛苦。若想从这份执著之中解脱出来,你必须释放你对各种享乐的执著,也就是摆脱对物质现象的执著。这份执著并不是头脑里的意象,而是直接的知觉,直接的感受。

放下对身体的执著,死亡空无就会出现

　　这份认同感是非常私密的,你一直都跟它生活在一起,而且一向认为它就是你。从最根本的角度来看,它带给你的其实是一种慰

藉。一旦认清这份认同感的真相,它同样也会消解掉,因为它并不比你驾照上的照片更真实。这份了悟会带来新的空间感,一种对新一层的空无的觉知,我们称之为"死亡空无"。到了这个阶段你一定会经历死亡。这种状态很像是肉体的死亡,你会真的脱离跟肉身的联结。

死亡是一种深黑的空无,当然,死亡空无是在活着的时候就可以体认到的。你不需要等到肉体死亡,只需放下对身体的执著就对了。你将会发现真正的死亡是什么,你会认清你根本不是你的身体,然后你对身体的执著就不见了。你会明白不再跟肉身联结的滋味是什么。自我了悟如果进展到这个层次,就算真的面临死亡,也会清楚地觉知你并不是自己的身体,因为你的意识仍然健在,只是肉身不见了。然后你就会明白死亡也只是一个转化过程。然而这件事可以在正常的生活中发生,只要你不再执著于肉体上的身份认同。一旦明白你的身份并不是你的身体,下一层的空无就会出现。

每一个层次的身份认同的消融,都会带来不同的空无体验,不同层次的空寂感。一旦了知我们对身体的执著,所有的执著都会开始消解,因为你终于知道它并不是你,你知道没有它你也会存在。这时你对它的需求已经不见了,而会导致对身体执著的恐惧和欲望也跟着消失了。对身体的执著一旦被看透,你就会体认到死亡。你终于明白你既不是这些形象,也不是这些感觉。你终于发现本体才是你的真我。这便是死亡与再生的整个过程。《西藏生死书》里是这么说的:如果在死亡的过程中你都能保持觉知,那么自我了悟就会发生,你会因此而觉察到你真正的身份是什么。

我执是我们最顽强的一种执著

你必须通过死亡经验才能认清自己真正的身份是什么,然后它又会反过来揭露你虚假的身份——这个被大部分人称为"我"的东西。如果你问一个人："你的自我是什么？"他通常会根据自己所处的层次来回答你。假如这个人是处在最肤浅的层次，他就会把那个持卡者的身份称为"我"；如果他是处在身体形象的层次，他就会把那个形象称为"我"；假设他对身体的感知是更深一层的，他就会把这些身体的知觉称为"我"；其他还有许多层次。如果你对"我是谁"这个问题追根究底，将会发现这所有的身份都不是你。为了体悟这一点，你必须认清你真正的身份，如此才能有个对比。然后我们才会直接体认到更微细的一种心理上的认同，我们称之为 pea。每一个人都有 pea，心理学文献把这个词解释为"自我的身份认同"，灵修文献则称之为"我执"。

  我们刚才所描述的死亡经验或是对肉体身份认同的消解，并不必然意味着自我的死亡，自我的死亡是更深的一种状态。或许你已经知道你并不是你的身体，但是却仍然拥有自我意识。你现在执著的是你的内心经验，而这些经验是跟肉体脱离的。你现在执著的是心理上的认同感、心理上的虚构、你所有的思想和感觉，这便是其他所有身份感的源头。一切的自我形象、身体形象以及对肉体的认同，全都是从这个核心产生出来的活动，这便是所谓的"我执"。

  所以当人们死亡时，并不一定能解脱他们的人格或是对自我的身份认同，即使他们能带着觉知进入死亡，还是无法摆脱心智建构、意识上的实存感。这意味着一个人可以在死亡之前体认到没有身体的自我。一旦认清你并不是自己的身体，你就可能会看见你的自我，并且认出人格的核心是什么。只要你说"我正在做这个"，"我要那个"，你就是在执著于你的自我，而这便是我们最深的执著。这份执著一直都存在着，在这份执著之上还有其他的执著，而它们是同时并存的。最深的执著往往是最强悍的，我们通常察觉不到它们，因为我们只看得到那些我们允许自己看到的执著。不过，对自我的认同，这个所谓

第四章 执著于空无

的"我",仍然不是真正的你。你会发现在真我和假我之间有一种互动关系,而这会帮助你认清真正的你是什么,假的你是什么,你的人格又是什么。

我们的内在工作会利用真我来揭露假我,不过这里面还是有一种危险:我们可能会抓住真我不放。佛法一向都不谈真我这件事,因为它看到了其中的危机。它主张根本没有一个所谓的真我,对真我的信念很可能会加强或固化你的自我,因此我们必须消解掉所有的身份感,不论它是真的还是假的。我们总是会执著于一种身份感,因为我们以为自己需要一个中心点,而任何一种对身份的执著,即使是对真我的体悟,都会变成虚假的身份。

宇宙意识便是界限的消除

接下来会出现另一个层次的空无,亦即身份感的彻底消失。你已经认清对身份的认同就是地狱和挫败,到了这个阶段你会更清楚、更明白地看见地狱,你会感觉自己就像被火烧一样。越是执著于那个身份,我们就越感到炽热难挨。接下来自我或身份感将会完全消失,而这便是我们所谓的寂灭、熄灭或不存在,这是更进一步的空无。不但是你的身体不见了,就连你的身份认同、你的自我都不见了。

唯一能使我们重新回到合一境界的方法,就是容许你所有的身份消失掉。自我独立存在的身份感必须消解掉,即使是本体这么真实的身份也要消解掉。对本体的执著也会让你有界分感,因为只要有执著都会制造出界限。所有的界限都必须消失,而且只有当所有的身份感都不见了,界限才会完全消失。当这一切全都消失了,你才能看见你跟最原初的意识是没有分别的。其实存在的只有一个意识,而这便是我们所谓的宇宙意识。处在宇宙意识的层次,你终于体认到界限的消失便是真正的融合,因此你就是"大一"。如果还存在着任何身份感,"大一"境界就不会出现。你或许已经可以觉知到宇宙意识，但如果尚未消融于其中，仍旧会对它产生执著。如果个人的身份感和界限全都消失了，你就会突然明白，原来你一直想要的正是这融入于大一的境界。融入意味着失去自己，不再执著于任何东西。你必须彻底失去自己，包括你所有的欲望和渴求。

当自我的活动熄灭之后，自然会出现宇宙意识或是我们宇宙性的身份。这时我们的自我虽然消失了，不过执著可能还存在。我们已经消融了执著、恐惧和欲望的根源，但执著本身或执著的活动，还是会在没有中心点的情况之下存在。你还是可能对自己宇宙性的身份生起非常微细的执著，在感觉上，它甚至不像是一种执著。这时你可能会经验到"神"，也就是我们所谓的宇宙性身份，可是如果你只想要这个东西，仍然会有偏好和执著。虽然你的身份如同宇宙之海一样的浩瀚无际，可是其中仍然有些微的身份感。在人格或根本的层次上，所有的身份感虽然已经消失，但宇宙性的身份感仍然存在。

最终要消融的执著，是对存在或不存在的依恋

现在我们需要另一个层次的空无来消解掉最后的执著。但是我们不需要造作什么，只要认清和理解这份对宇宙意识——我们最真实的本质——的执著就够了。它虽然是你最真实的本质，但执著的活动永远会制造出界分和痛苦，不论你执著的对象是好是坏。如同我们已经描述过的各种执著一样，你现在也不需要做任何事，其实也不能做任何事，你只能试着去领悟。真正的领悟自然会带来更深一层的空寂，也就是最彻底最完整的空无。这时你已经没有任何执著了，因为可以执著的对象全都不见了。外在形象、身体形象、肉体的实存感、人格、本体、"神"、存在或不存在，这些感觉全都不见了。

你很难想象得出这种状态，其实我所说的许多事都是很难想象的。

这里面的重点并不在你所执著的对象，而是要了解执著本身。虽然你对人格的认同已经消失，你还是可能执著于你宇宙性的身份。

或者你可以称这种情况为自我已经消失，但人格仍然存在。你可以说人格这时已经变成了无限量的宇宙性人格，而这就是你最后的一层身份。

但如果你不认同你的宇宙性身份，那又是什么东西在认同或不认同呢？只要你可以不认同某个经验，就不可能是终极解脱。即便是不认同某个东西，你还是执著于它，因为你仍然有个对象，一个会造成你认同或不认同的对象。只要还残存着一丝一毫的认同感，你都可能会有执著。在这个层次上，宇宙意识和彻底空无这两种不同的观念，勾勒出了宗教的有神论和非有神论。有神论相信有一个上帝，非有神论则主张自性本空。双方都认为自己的层次比较高，然而这并不是孰高孰低的问题。从某个角度来看，宇宙意识或宇宙性的本质，亦即体悟到自我身份感消失之后的本体，其实就是彻底的空无。存在或不存在只是实相不同的两极罢了。存在达到圆满便是爱，便是彻底的空无。执著于任何一极都是一种执有的态度，因此最后必须要消融掉的执著，就是对存在或不存在这两种状态的依恋。

单纯地觉察而不停顿，就能带来对终极解脱的了知

最后，一切的身份都会融入于浩瀚无边的空无中，而它会消解掉所有的身份感——不论是大是小，真实的或不真实。你再也没有任何身份可以认同了。所有的客体全都不见了，即使是无碍无边的客体也找不到了。这巨大的空无或彻底的空寂乃是解脱必要的条件，因为它能消解掉执著。它本身就是解脱，除此之外别无解脱了。当然，伴随着解脱而来的正是你想要的一切东西。当宇宙意识、你真实的身份、个人性的本质全都消解掉之后，本体所有的面向就会出现，而又没有

一个人在那里经验它。它只是单纯地存在着。这种宇宙性的临在就像是在天堂一般，这其实就是我们所谓的天堂，甚至是宗教所谓的"神"或"造物主"的一种临在。在这里我们必须认清，为这个状态命名也是一种执著的活动，因此"实相"可以被视为"神"或宇宙性的临在，或是这两者的结合。

简而言之，内在工作的过程就是在探索你自己的身份，探索每一个层次的身份以及你对它的执著。这就是为什么在传统灵修的方法里最有力的工具便是问自己："我是谁？"而且要持续不断地问下去。当"我是谁"被提出来之后，就要参究一番，然后继续问"我是谁"，直到那个会问问题的自我消失为止。但这并不意味你在刻意造作或驱策什么，你不需要有任何造作活动，只需要了解心中的真相是什么。任何想要造作的欲求都是一种执著。若是能即时觉察当下的真相，不论那真相是什么，而同时又没有任何渴望或不渴望的反应，那么空寂就会出现。

因此，你从一开始就要抱持这样的态度：单纯地觉察而不停顿下来，就是能带来终极解脱的一份了知。其实觉知这个工具的本身便是终极解脱——一种客观的觉察和理解。各种不同的方法都可以帮助我们进入某一种境界，但是我认为只有一种方法能帮我们达到真正的终极解脱，这个方法就是单纯的理解、了知或觉察。任何一种方法都会涉及刻意的造作，其中必定暗示着一个能够造作的存有或身份感。自我虽然能帮助你达到一些目的，甚至能帮你进展到相当程度，但是到了某个阶段，它必须消失。

第四章　执著于空无

第五章 『无望』之教诲

　　每当你发现自己在认同某一部分而排斥另一个部分，你就已经落入了自我或人格的局限中。拒绝自己某部分的经验，是不可能获得解脱的。企图得到快乐，就是一种不快乐的态度，因为期望和排斥正是不幸的根源。

到目前为止，你们有些人已经尝到和体认到内在工作的滋味，并且已经认清我们的教诲确实有效。虽然如此，这也只是教诲的某个面向罢了。通过教诲你虽然可以找到一条通往解脱的路，但解脱仍然会迷惑你。只要你还是渴望它，你就得不到你所想要的快乐。

这真是进退两难。你来到这里，想对治自己的心理问题，你得到了某些理解，也发现自己的努力终于有了成果，这会带给你一份强大的希望以及你所渴望的内在力量，于是你的欲望就变得更强烈了："我真的渴望登入本体，真的想得到解脱。"但不论处于任何一个层次或阶段，欲望本身都是你和解脱之间的障碍。

我所说的"你确实有解脱的可能性"，并不意味你的渴望越强烈，解脱的可能性就越大。我真正的意图是不想增加你对它的欲望，然而要制止这份欲望是很困难的事。你越是发现一个方法能产生真正的效果，欲求就越强烈，而且离解脱就越来越远。或许最无效的方法才是最好的方法，因为你会从一开始就放弃它！

这虽然是很难认清的一件事，但确实是最单纯也最根本的攸关心识的真相：只要你渴望解脱、渴求快乐，它们势必会迷惑住你。

你所渴望的若非眼前的真相，心就会开始争战

有人可能会说："那我们到底该怎么办呢？如果渴望快乐和解脱就无法拥有它们，那我们到底在干什么？毕竟我们来到这里，就是为了要得到快乐和解脱啊！"

请你检视当下这一刻的经验。当下这一刻，你的内心发生了什么事？你看到了什么？你会发现，一方面你看到了心中所发生的事，另一方面你并不想接受那个正在发生的事，对不对？

你心中有某个部分接受了事实，但另一部分却说："我要一个有别于真相的东西。"这是否意味着你被分成了两半？你跟自己是冲突矛盾的？你跟自己产生了对立？与真相对立的那个部分可能充满着美妙的灵修知识与概念："我渴望我的本体，我想得到解脱。"然而这些想法是不是等于在说："另一半的我真是令人作呕，谁想要它啊？我想摆脱掉它，我想通过了解它而让它消失。"

这便是所谓的"心灵上的唯物倾向"，一种二元对立的分裂观点。你的心分成了两半，其中的一半不喜欢另一半，它渴求的是另一样东西，这样你如何能得到统合、快乐、和谐及解脱呢？你的内心一直在打仗，你的行为全都是从冲突之中产生的，这样如何能得到疗愈？内心怎么可能祥和呢？

这是你所经验到的每一个当下之中，最明显与最根本的真相。不论你想要的是什么，不论你想变得更富有、更美丽、更解脱、更快乐、更不害怕，你都是在跟自己作对。只要你所渴望的那个东西不是眼前的真相，你的心中就会出现争战和分裂。假设你的内在工作是根据这种对立的态度而进行的，你的分裂将会更严重。

有人会说："这个世界的战争实在太多了，如何才能拥有和平呢？我们必须强化我们的武力，这样才不会有更多的战事发生。"就是这种态度制造出了更多的界分、更多的对立。以暴制暴怎么可能有效呢？你能以对抗的方式来制止心中的争战吗？这么做只是在强化心中的斗争、冲突以及二元对立性。重点并不在你认为你想要什么，或者什么是好的什么是坏的，真正的问题是出在那些抗拒、渴求及渴望的心理活动，内容是什么反而不重要。你可能经验到的是悲痛而渴望的是快乐，你可能经验到的是恐惧而渴望的是解脱，或者你正在经验解脱而你很怕失去它。你可能正在体验某种美好的感觉而想抓住它，不想让它产生任何变化。

这些全都是相同的心理活动，里面都有二元对立与挣扎。这些全都不是祥和，也不是解脱。我所说的这一切并没有任何玄秘色彩，你只要观察一下自己的经验，就会看到这些现象。

排斥的态度只会令你心中的冲突更严重

假设你曾体验过你的本体或是解脱的滋味，你会发现在那种时刻里，你是没有任何批判、冲突或渴求的，因为本体从不依照这种方式而运作。本体没有任何批判的态度，即使对人格的活动也不产生批判。本体只是如实存在着，它可能是爱、慈悲或任何一种品质，但重点是它从不抗拒某个东西而接受另一个东西。

因此，这种抗拒某个东西、渴求另一个东西的态度，就是人格的特质，这便是自我的人格。人格的基本结构就是拒绝眼前存在的东西，希望得到更好的东西。

事实上，当你还是个孩子的时候，这份抗拒倾向就已经形成了，而你的人格和本体也就开始分家了。你发现某个东西的感觉比另一个东西好，于是就发展出了趋乐避苦的态度，整个恐惧和期望的心理动力就是这么形成的。恐惧会形成是因为我们害怕不好的事会发生，期望会形成则是因为我们希望令人愉快的事能够发生。

我们会看见人格基本的本质，就是恐惧、期望和欲求。现在你来到这里，渴望做内在工作，但是要如何进行？你是不是抱持着排斥的观点在进行这件事，你们心里的想法都是："我现在要开始进行内在工作了，我要利用钻石途径来充实我的本体，去除我的人格。""现在我要去除我的痛苦，重拾那令我感觉美好的本体。"然而进退两难之局就是这么开始的。这种态度会造成人格和本体的分裂。你虽然想去除内心的冲突，却反而彻底认同了这份冲突！

你既不需要接受也不需要排斥我所说的这些观念，只要观察一阵子就知道了。你可以研究它、探索它、觉察这种分裂的活动和态度，看看它在你心中埋得有多深。越是能经验到本体，就越能清楚地看见你心中的好恶倾向。

我并不是在说这个态度很糟糕，我的意思是，这种态度其实是源自于人格，它会制造出冲突、痛苦及不和谐。你现在是不是又在排斥这种态度了？"啊，原来问题就出在这里！我现在知道该怎么做了，我要设法排除掉这种态度。"请问你现在正在做什么？有没有把我的话听进去？

越早发现一切无望，对你越是有利

你会发现你重复地在做同样一件事，因此到底该怎么办？仔细地检视一下，你会发现你什么也不能做，眼前的情况是彻底无望的。越是能及早发现事情没有希望，越是对你有利。一旦认清事情是百分之百无望的，那时你就会停止造作了。现在你终于有了一丝希望："如果我更努力一点，就可能对无望这件事产生真正的了解，然后情况就会改变了。"但这不又是完全相同的态度吗？

你永远都在固化心中的冲突、对立和不快乐。如果因为不喜欢某件事而排斥它，你就是在加深问题的严重性。你现在是否觉得更无望了？我并不是在吓唬你或开玩笑，因为事情本来就是彻底无望的。当你想要造作的那一刻，抗拒就产生了。这是非常深、非常微细的问题。它在你的生命和意识里无所不在地运作着。

了知整个情况就是解脱

我今天所以会谈论这个议题，是因为我们这个团体里已经开始出现一种越来越明显的态度。其原因是我们的内在工作确实有效，所以才造成了我刚才所说的那种想要累积、达成以及获取的贪欲。缺少了正确的认识，内在工作的本身可能会擦枪走火，不但无法带来解脱，反而会强化你的人格倾向。从目前看来，你们大部分的人都不可能放下想要开悟的欲望，因此如同我所说的，你什么也不能做。开悟这件事是无望的，然而你会发现不论如何你都会有这份渴望。

任何的期望或造作都是一种抗拒，也就是在强化人格的矛盾倾向。我虽然这么说，可我们在这里仍然是在造作。我们拥有一个团体，而我确实是在跟人们一起工作。我的说法是不是有点矛盾？如果什么也不能做，如果整个情况是彻底无望的，那又为什么要创立一个学校，为什么要传播教诲，内在工作又有什么意义？

这真是一个自相悖驳的情况，让我们来深入地了解一下。我之所以要创立一个学校来传播教诲，并不是要加强你们的期望，而是迟早你们会发现我所说的一切都是真相。这所学校的创立只有一个目的，那就是，它最终一定会帮助你了解事情是无望的。教诲的作用就在这里。只有当你彻底了解所有的心识活动和真相都是彻底无望的，你才会真的放下。当你真的放下并且彻底无望时，你就自由了。不过这份了解之中并没有绝望的成分。解脱并不是靠着努力就可以达成的境界，只有当你了知所有情况之后，解脱才会出现。事实上，解脱也不是了知整个情况之后的一种结果。了知整个情况的本身就是解脱。

心识一旦停止运作，便只剩下每个刹那的真相

我们确实还有一丝希望，但我们只能期望有一天自己会发现事情是无望的。一旦从自己的经验里体会到解脱是无法制造出来的，你就会停止挣扎，你会心甘情愿地说："我确实什么也不能做，我最好赶快停止这番造作。"当你不再期待、抗拒的时候，你心中的对立

和冲突就不见了，然后祥和、快乐和解脱自然会出现。爱就是这么诞生的。

你会发现这是非常微妙的一件事，现在你可能会告诉自己："太好了，我要努力得到这份了知。"可是你为什么要努力？这个想法的动机是什么？我只是想帮助你看到事情是无望的，不过你的心仍然会紧抓着希望不放。心识的运作总是在期望和抗拒中打转，它没有别的方式，但如果既没有希望也不抗拒，它就会彻底停止活动。剩下来的会是什么呢？剩下来的只有每一个刹那的真相了。不论你喜不喜欢，你眼前的真相就是真相。对另一个东西的期待，并不会使眼前的真相消失。你也许能压抑它、否定它、制止它，但这只会制造出不和谐及痛苦。

请记住我们现在所讨论的是内在的经验。在你还没认清你的心识活动之前，请不要把这里的教诲运用到外在的世俗行为上，因为这么做会增加你的困惑。

如果你爱的是真相本身，它就会使你解脱

你唯一能做的就是无条件地接纳眼前的真相，你只能无条件地觉察眼前的真相，这便是本体或实相的一种根本态度，它绝不是源自于人格。这才是我们的希望所在，但是在感觉上它并不是一种希望，因为其中没有目标、没有界分，也没有挣扎。存在的只有纯粹的、没有任何动机的对真相的爱。

如果你是为了真相本身而去爱它，那么真相就会使你解脱；但如果你期待真相能使你解脱，你却无法解脱了。你必须不抱持任何希望地去爱真相本身，然后就没有所谓的解脱或不解脱、本体或非本体、开悟或不开悟的问题了。存在的只有对真相之爱，其他的东西都消失了。接纳眼前的真相，认清眼前的真相，爱每一个当下所出现

的真相，乃是无心、无界分、无人格的一种自然状态，这种状态是全然放松的。

我所谓的爱真相、爱眼前的事实、无条件地全盘接纳它，到底是什么意思？眼前这一刻你心中所出现的真相很可能是对真相的抗拒，这时你会不会去抗拒那份抗拒？你必须很细微地留意这整个过程，并且去觉察其中的心识活动。彻底觉察这个活动，将会为你带来完整的理解，而我们曾经说过，理解的本身就是解脱。觉察不需要任何动机，我们永远都在觉察某个东西。只要我们产生任何一种动机，觉察就会受到局限。动机一旦消除，觉察便是自由的、自然存在的。

所有的情绪都是奠基于对眼前真相的排斥

内在工作必须抱持正确的观念，那就是你必须随时觉察，你真正感兴趣的到底是眼前的真相，还是想达到某种状态。你做内在工作是因为想得到某个东西、达成某个目标，还是因为你爱真相？

我们必须有这种态度上的改变，才能了解事情是彻底无望的。你心中所以会有界分和困境，是因为你仍然希望事情会有所不同。这份希望会制造出欲望，而欲望又会制造出对眼前真相的排斥。排斥眼前的真相会制造出界分感，界分感又会制造出冲突。冲突会制造痛苦，痛苦进而会促使我们不断地追寻，追寻又会制造出更多的排斥以及更多的冲突。恶性循环就是这么产生的。

或许你会认为我是在告诉你内在工作没有任何意义，其实我的重点只是在厘清整个情况的来龙去脉。我们确实需要本体，只有本体才能帮助你接纳眼前的事实。有许多方法都在试图帮你理解这整个情况，但却不指出本体的存在，这么做会令事情变得很困难。我们这里的内在工作却很容易使我们经验到本体，本体的存在并不是要让我们获得快乐、满足我们的欲望或是去得到什么东西。本体真正要帮助我们认清的是："了解真相"才是最重要的关键。

如果你还是排斥真相，那么就排斥它吧！如果你接受真相，那么就接受它吧！排斥自己的经验只会令你痛苦，接受自己的经验则会使你站在本体这一边，事情就是这么简单。因此重点并不在于得到了什么、拥有什么，而是你所抱持的是什么态度。你是从人格还是从本体运作的？这才是真正的转化。

我们必须了解一件事，那就是当我说接受时，我指的并不是一种积极的态度，一种执著于某个东西的态度。我指的是不带任何批判地与眼前的经验共处，也就是以开放的态度去接纳从你意识之中示现出来的任何一种心境。

你也许能累积无数的本体经验，但如果你的态度之中有贪婪的成分或是想达到某个目标的企图，那么你就是强化你的人格，如此一来你势必会受苦。但是当你没有任何想要解脱痛苦的欲望时，解脱却可能自动出现。所以我们最后必须放下对解脱的欲求。

这并不意味你应该消减你的欲望，你只能试着去理解欲望的来龙去脉。如果你默观自己的内在活动，你会发现你的心不断地在动，你的情绪也不断地在生灭。当你在生气时，你气的到底是什么？是不是因为眼前发生的事不合你的意，某人做了一些你不喜欢的举动，或是你经验到了某件你不喜欢的事？因此从最根本上来看，愤怒往往是奠基于排斥之上的。又或者你正在哀伤，请问你为什么哀伤？是不是因为你失去了某样东西，还是事情没有按照你所想要的方式发生，或者你想要的东西没有出现？因此哀伤也是奠基于排斥的。所有的情绪都奠基于对眼前真相的排斥，你的思想也是同一回事。彻底的解脱意味着人格完全不见了，也意味着本体的出现——没有任何心识活动，没有任何情绪。

这并不表示你就该排除你的哀伤和愤怒。我们现在只是在试着了解事实的真相，而不是要达到某个目标。内在工作并不是为了获得解脱和快乐，而是为了有一天能够跟真相调和一致，帮助你站在实相的这一边。

开悟、解脱或实相，指的都是不期待另一个东西

一旦认清情绪上的活动都是在排斥眼前的真相、渴求另一个东西，一旦发现思维里尽是想要经验某个东西、得到某个东西、期待某个东西、想象某种状态会比现在更好之类的活动，你就会看见那些感觉和想法自然静止下来，然后彻底的空寂就出现了。这空寂便是人格的消失，然后本体就会以最真实的方式呈现出来。

这种境界只能通过理解或认清真相而发生。理解只是一种单纯的了知而不是想达到某种悟境，它本身就是无私的爱。如果排斥眼前的真相，你就看不见它了。不妨一开始就试着去了解你对真相的排斥。

任何对真相的排斥都是痛苦的，即使这排斥的倾向是为了解脱、开悟或见到"神"。内在工作最终一定会带来开悟、解脱或证入实相，不过这并不是真正的重点。重点不在开悟也不在解脱，而是如实见到眼前的真相。

当我说接纳眼前的真相时，我指的并不是接纳你的无意识。接纳真相意味着彻底而完整地觉察眼前的真相。如果你对真相不知不觉，就是在排斥它。从解脱的角度或是从自然的观点来看，真相是一直存在的，它可能是人格、本体、热或冷等等的内在活动。真相是什么就是什么，事情就是这么简单。如果你企图得到另外一个东西，或是想改变你内在经验的真相，冲突就会产生。这便是一种了知，也是一份对事情如何运作的洞察。你既不想得到任何东西，也不想达到任何目的，你只是洞察事情是如何运作的。

如果你真的抱持着诚恳的态度去探索自己，你会发现你所排斥的事很快会示现出来，你会在很短的时间内尝到痛苦增加的滋味。一旦

了知到这一点,事情一定会改变,但如果不断地想要改变,改变就会慢一点来到。假如你感兴趣的是真相,改变的速度就会加快。真理一点都不神秘,真理就是你眼前的经验,它跟过去或未来都无关。真理只是当下这一刻,你的人生也只有当下这一刻。

心念止息时,本体会自然流动和运作

你能够活在过去吗?你能够活在未来吗?你的人生只有当下这一刻。你的心可能会朝着过去和未来思考,但真相永远属于现在。"是"这个动词就代表着当下这一刻。因此人生永远是当下这一刻,其他的事都只是想象罢了。有没有任何问题?

学生:期望是不是本体的一种品质?

阿玛斯:期望不是本体的一种品质。期望只是对眼前真相的一种排斥,但本体确实是希望所在,因为本体能够让你认清无望才是真相。本体能够让你看见你人格的态度是没有希望的,所以是一种客观的希望,然而主观的希望永远是以未来为导向的。

当你感到又有希望时,你会做什么,你难道不是在排斥眼前的事物吗?你难道不是在渴求另一个东西吗?在这种情况之下,本体怎么可能会出现呢?本体就是存在,就是当下啊!本体所带来的希望就在于它能消解掉这种情况里的绝望,但本体并不是一种有希望的感觉。

学生:如果放弃希望,我怕我会不能运作。我如何能再生起做任何事的动机呢?

阿玛斯:这是可以理解的事。最近我帮助某个学生进行内在工作,不久之后他就进入了无心、无思想、无希望的空无境界。他不知道该怎么办,也有点害怕:"这样我如何能开车呢?"他失去了做任何事的动机。但是在疗程结束时他却说:"厕所在哪里?"他不需要任何心智活动便自然知道自己想上厕所。如果饿了,你会去找东西吃。困了,你会去睡觉。需要去洗手间时,你自然会知道。这些事跟渴望或希望都无关。当希望止息下来的时候,本体自然会开始流动和运作。这就是一种无私的爱。

本体之中有一种活动是朝着良善在进展的,而良善永远属于当下。本体的活动也是朝着当下在进行的,它从不朝着未来而发展。你可能会把它经验成一种朝向未来的活动,因为那是你心智运作的模式。本体出现得越多,你就越能活在当下。本体永远属于当下这一刻,但是你的心智只能依据过往的经验而运作,而真相和过去所发生的事是没有任何关联的。眼前的真相只是如实存在着,可是你却想按照过去来局限它。

对真相感兴趣,就会有一种巨大的解脱感

学生:你可不可以谈一谈努力和欲望要怎么区分?

阿玛斯:努力和欲望是携手并进的,努力就是奠基于欲望之上的。如果没有任何想要某个东西的欲望,还需要努力吗?我们起先排斥的是眼前的真相,然后又生起了对另一个东西的希望。那份希望会制造出一种欲望,而欲望会带来意志力,然后人格就会利用这份意志力来达成它的欲望。替人格服务的意志力就是一种努力的态度。

我并不是说欲望不好,你不该拥有它。我的话里并没有批判的意思。我想说的是,理解乃是从真相出发的一种观点,努力则是永远奠基于排斥之上的,不是吗?努力永远有一个可以达成的目标。

一开始你确实需要努力。你会继续努力,直到你理解了努力的本身才是问题所在,然后你会发现停止努力也不是重点所在。你既不能停止努力,也不能制止自己的欲望,如果想停止努力和欲望,你就又落入了人格的观点之中。因此你只能做一件事,那就是去理解努力的

活动是怎么一回事。我们现在所做的事是在煽火，煽起你热爱真相之火，但我并不是在教你拒绝某个东西或追求另一个东西。我们确实可能活出一种不依据人格而行事的生活——不依据欲望、冲突、希望、渴求、过去、未来或努力而行事，只是没有任何动机地对真相感兴趣。

这种无动机的对真相的兴趣，就是一份巨大的解放感。想象你的心没有任何活动，也不想达成什么；想象你独自坐在那里，心里既不想达成任何目标，也不想开悟，更不想排解掉什么，那不就是一种毫不在乎的解脱状态吗？我们小的时候就是处在这种状态里，我们从不认为有一个必须摆脱掉的人格，也不知道有所谓的开悟或本体这档子事，我们只是做自己想做的事罢了。那便是一种自然状态，一种天真无邪的状态。

我现在所说的一切并不局限于内在工作，它可以适用于任何一种欲望、人生的任何一部分或任何事。举例而言，当你和你的爱人在床上做爱时，如果你很努力地想得到快感，快感就不见了。对快感的渴望本身就会降低快感。任何一个时刻你都是如如存在着，不仅仅是做内在工作时如此，就算是在开车、卖东西、和朋友交谈、上大号、吃东西、睡觉、刷牙或打人，存在的都只有如是。

学生：你可不可以多谈一谈欲望和恐惧？

阿玛斯：我们所认为的恐惧只是一种情绪，但仔细检视一下，你会发现恐惧其实是一种源自于冲突的态度。只要你渴求某个东西而排斥另一个东西，恐惧就会出现。如果你想要某个东西，就会害怕失去它，不想要某个东西，又会害怕得到它。恐惧和欲望其实是同一个东西，是一体的两面。害怕受伤，就会渴望不受到伤害。害怕自己受到排斥，就会渴望别人能接受你。因此恐惧跟欲望一样都是奠基于对当下的排斥，处在任何一个层次都会发生这样的情况。对死亡恐惧或是这一类的事很难被认清，其实它们都是对当下真相的排斥。从根本上来看，恐惧死亡就是害怕活着或是渴望能活下去。

如果对真相恐惧，就是在害怕你不喜欢的事情会发生。你害怕一旦看到真相，将会感觉痛苦，这意味着你对痛苦有一种批判。因为害怕痛苦，所以你对那一刻的真相产生了排斥。如果发现自己对真相产生了恐惧，不要排斥这份恐惧，只要理解它就够了。

我要揭露的是我们这个团体里已经出现的一种贪婪和不断累积的态度。这种想要得到某个东西的态度，只会带来更多的不和谐。如果你到这里来是因为你对真相感兴趣，而且想了解真相是什么，这样就不会在心中制造出冲突了。

第六章 接纳

如果你可以看着排斥的活动而不制止它,就能不参与排斥的活动。越是看得清楚,越是能不参与。这么做会让某个东西有空间可以冒出来。久而久之,你会越来越不认同、越来越不参与排斥的活动,然后接纳的能力就出现了。

我们可以从排斥和接纳的角度来检视一下我们的情况。人格永远只会说"不",它基本上是排斥你所有的知觉、感觉、观点和经验的,不过它还是能做点其他的事,譬如在世间运作等等。可是如果检视一下它在你和你的关系之间做了什么,你会发现它只是一味地在排斥,即使当它对你的内心说"是"的时候,也是在对另外一个东西说"不"。我们会发现这件事分分秒秒都在进行。缺少了"不",人格根本无法存在。

我们所谓的自我或人格的基本活动,就是渴求另一个不同的东西,而这份欲望又会促使我们想尽办法去满足它。然而这种期望、欲求及努力的态度,都是对眼前真相的一种排斥。排斥一定会制造出界分和内心的冲突,而冲突又会制造出抗拒、阻碍和自我防卫。就因为你不想感受这份冲突,所以无法完整地感觉什么,而只会遮盖住它、抗拒它。可是你又不喜欢那种感觉,于是你又会去排斥你的排斥感。企图摆脱冲突,只会制造出更多的冲突。因此,排斥、界分、冲突和不和谐之间,便形成了一种恶性循环。换句话说,我们内心永远有一场战争在进行着。

如果已经发现了这些冲突和排斥的活动,我们该怎么办?首先,我们要认清心智或人格的基本活动就是一种自我排斥的倾向。表面上你也许是在排斥某个人或情况,其实你排斥的是自己的一部分。

我们为什么会这样?从某个角度来看,我们可以说这是超我或内心的评论员正在排斥自己的经验。我们已经知道超我是源自于我们对父母的认同,尤其是对父母的超我的认同。我们可以说,我们是从父母那里学到了排斥这件事。父亲不喜欢我生气,所以我现在才会排斥我的愤怒。每当我向母亲表示我需要她的时候,母亲并不喜欢我那副模样,所以我现在才会排斥我的需求。因此,排斥的态度是通过对童年环境里的排斥态度的认同而发展出来的,这就是为什么内在工作必须学会如何消解掉超我。

有很长的一段时间,我们都需要对治这个超我,这样才有能力客观地经验自己。我们必须对治超我的批判和攻击倾向,不只是因为这种自我攻击会带来痛苦,更重要的是,我们必须有能力认清真相。如果永远都处在一场战争中,就很难去觉察意识之中的微细活动了。但假如不攻击自己,就能比较自由地探索你的经验。

婴儿时期补充和释放的自然循环

事实上,排斥的态度比认同父母这个机制作用还要更深、更原始。在认同父母之前,甚至在你还不知道什么是父母之前,它就已经发展出来了。那是我们这个有机体最早的活动之一,它发生在婴儿几个月大的阶段。那时,孩子根本无法觉察他和父母是分开的。让我们来看一看小婴儿的经验是什么。如果小婴儿没有在睡觉或是没有被照顾得很舒服,他就可能会经验到某些焦虑:肚子胀气、膀胱里有尿、肠道里有粪便、饿了、冷了等等。如果肠道里有粪便,他会自动排便。如果膀胱里有尿,他自然会把尿撒出去。如果饿了,他自然会哭闹,那时母亲就会把食物送到他嘴里,然后一切又恢复了正常。这些活动被称为补充和释放的自然循环。在补充之前会产生一种张力,一种能量或活动的增加,然后通过喂食、抚慰和排泄的活动,这份张力就会被释放掉。这时孩子又回到了满足、祥和及放松的状态。在这个循环过程里,还没有任何排斥活动产生。有机体会自动扩张和收缩,补充和释放。这些自然的活动会带来放松和安歇的心境。母亲会帮助孩子达到这种状态，因为孩子还没有能力喂饱和照顾自己。

孩子是非常开放的，容易感受外境的痛苦

如果每件事都按照这个方式进行，那么在最佳和最平衡的状况里，孩子就能学会以母亲对待他的方式来照顾自己。当焦虑产生时，孩子连想都不必想就能自然地释放掉它，这便是我们所谓的"自动调节"。如果这个循环能畅然无阻地运作下去，孩子长大成人之后就会自动自发地做这些事。这样人格就不会产生排斥和自我防卫的态度，当然也不会产生神经官能症和内在冲突了。

但基于各种理由，事情通常不会进行得那么顺利。譬如孩子肚子胀气或感到痛苦，而母亲未能及时照料，那么孩子的痛苦和紧张就无法得到释放。

这个阶段的婴儿仍然仰赖母亲和环境来帮助他释放这些紧张感。有时并不是母亲不在场，而是婴儿生病了、便秘或无法吞咽食物。在这种情况之下，痛苦也得不到立即的释放，有时情况甚至更糟。如果只是上述的那些问题，事情还好办。事实上，有些婴儿的父母绝非这世界上最可爱的人。孩子通常是非常开放的，他们可以立刻感觉到环境里的痛苦和折磨。孩子能够觉察到自己的身体，并且能感受到母亲身上所散发出的紧张、僵硬和痛苦，或是身边其他人的这些感受。假如母亲在受苦，婴儿也会跟着受苦，而这份痛苦又不能得到释放。

我们现在所说的还不包括许多婴儿曾经受过的残酷虐待。某些父母会把他们内心的冲突转成对孩子身体上的虐待、忽略或是情绪上的排斥。这所有的事情都会对孩子产生负面影响，留下难以解脱的痛苦。因此，自然的活动就这么被阻碍了，而孩子也无法回归到自然的祥和状态。此外，孩子的身体还可能出现机能上的障碍。即使母亲试着以

爱的方式照顾她的婴儿，但如果她心里隐藏着焦虑、自我排斥或是其他的负面感觉，婴儿还是能感受到这些痛苦，而母亲又没有为自己和孩子排解掉这份痛苦。

痛苦与挫败将天真的本性转为恐惧和不信赖

处在婴儿时期，我们的内在有一种与生俱来的本能，它不必经过学习就可以达成排泄的功能。这种与生俱来的自信，就如同阿米巴原虫的一收一放那么自然。在这个阶段里是没有任何欲望、希望和恐惧的。如果母亲在孩子需要她的时候能够给予关爱的回应，这份自信就会得到支持。

婴儿一开始是处在一种天真无邪的状态里，如果这个有机体能够和谐地运作，而且能得到环境的支持，这份天真无邪的品质就会发展成一种天生的自信。它会演变成对宇宙的一份毫无怀疑的根本信赖。

紧张感若是没有得到释放会发生什么事呢？它会对我们这个有机体、整个系统的运作、我们的环境以及对自己的信心，产生什么样的影响呢？答案是，我们的信赖和自信会被一点一滴地腐蚀掉，或者根本不可能有机会浮现出来或得到发展。这是在我们出生后几个月之内所发生的事。

婴儿体内的焦虑以及母亲心中的痛苦一直都存在着，所以孩子与生俱来的那份天真无邪的信心，以及基于这份信心而发展出的信赖就这么丧失了。我们这个有机体再也无法发展出一份自信，它不再相信自己有能力可以自动调节，也不相信每件事的发生都是理当如此。孩子不相信和谐的状态会持续下去，因为在婴儿期所感受到的痛苦还没消失。那么如何才能去除这份痛苦呢？

首先，你会越来越觉察到某些事在感觉上是很痛苦的。如果这些痛苦持续存在，我们这个有机体就会把焦点固着在这些令人痛苦的事物上，然后会拿以前美好的感觉来跟它们对比。在尚未释放的痛苦还没浮现之前，没有作这个对比的需要，只有当自动调节进行得不顺利时，孩子才会注意到这种感觉是痛苦的、那种感觉是愉悦的。心中所生起的这些区分活动，只会助长痛苦和挫败。

如果孩子进一步发现痛苦并没有减轻，他就会对痛苦产生畏惧。如果痛苦和挫败感一直无法消除，孩子就再也无法忍受了。他的整个系统还没成熟到可以忍受这份挫折，同时也无法自动排解掉它。假设痛苦和挫败感一直持续下去，就会使这整个有机体无法统合，然后孩子就会开始经验到生存的恐惧。痛苦和挫败会把天真无邪的本性转变成恐惧和不信赖。

接着，孩子又必须学会如何对治这种情况，他的整个有机体必须学会持续不断地焦虑。自动调节系统如果无法顺利运作，神经系统就会出现崩解的情况，于是孩子又会转向身体最原始的机制反应，来对治外在的伤害。当孩子吃进一个无法消化的东西时，身体会自动把它吐出来，这便是最原始的机制作用。呕吐就是一种排斥作用，孩子发现这是他唯一能做的事——把东西吐出来，排拒它。这个作用跟排便是不一样的。排便是把消化过程的残余废物排除出去，呕吐则暗示着自然的消化过程尚未完成，有些东西还没有被吸收。孩子吐出来的是外面进来的东西，譬如酸掉的奶或是不能消化的食物。这个阶段的小孩根本没有内外的观念，所以一有痛苦和不安，就会试着把它吐出去。

投射和界限让本体和真我成为对立状态

孩子如果觉得自己无法对治那些不好的感觉或挫折，会有什么样的心理反应呢？首先，他会出现身体呕吐机制的延伸，一种投射式的防卫机制。孩子会认为这些痛苦是外在而非内在的，他会假装自己并

第六章 接纳

没有恶劣的感觉，恶劣的人是妈妈。当然他的母亲可能的确有痛苦或挫败感，甚至曾经伤害过这个孩子，但孩子有恶劣的感觉也是事实。因此，内外都有负面的情况存在。不过孩子仍然觉得自己和母亲是一体的，他还是无法区分这两者。

孩子是如何把他的感觉投射出去的？若想把问题投射出去，我们必须相信有一个内在，也有一个外在。相信我跟外界是分开来的，才会感觉问题是从外面来的，是它造成了我的不和谐感。投射的机制作用为我们树立起了一道界限，使我们感觉我们和外境是分开的。投射和界限的树立是同时发生的，它们是相依相生的。

这整个过程使我们从本体或真我的合一状态，发展成一种主客对立状态。但真相是界限根本不存在，我并不是和别的东西分开的，而且在能量的层次上，我也不受身体的限制。我的身体也许会排斥某些食物，可是我无法真的把情绪和挫败感吐出来。因此，首先出现的是投射作用，而它又会造成界限感，使我们从完整的能量场中独立出来，与其他的存有分隔开来。为了让这个投射作用顺利发展出来，为了否定自己真实的感觉，我们必须学会停止感觉，这意味着必须钝化、压抑自己的感觉，或是把它们破成两半。投射、钝化、压抑或是把感觉破成两半，本是按照呕吐的机制作用模塑出来的，不过当然，投射作用只会制造出不祥和。

你现在已经知道这种排斥的态度是在很小的时候养成的，通常在婴儿出生后的几周或几个月内就发展出来了。因为我们的外在环境并不完美，所以我们这个有机体必须发展出这种态度。孩子企图排斥的是自己的痛苦、受伤和紧缩倾向，对痛苦的排斥又会形成对父母的认同，进而演变成我们的超我。超我的排斥态度以及自我贬抑的羞愧感，基本上就等于你在吃东西时对自己说："恶心死了，我不喜欢这个东西。"而超我的说法则是："恶心死了，你不应该是这副德行。"接下来又会形成肛门期的排斥作用。

人格本身什么也不是，它只是一个会造成我们和别人产生界分的东西，它只会促使我们保护自己，防御我们所认为的外来毒害。可是一旦把自己的一部分排斥在外，你就在身体上制造出了紧张和武装。这么一来痛苦不但无法释放，还可能会压抑它或是想把它推开，而这又会加强你的紧张，减低自我调节的能力和释放压力的能力，情况就这么变得越来越糟了。

孩子必须压抑自己的感受，因为没有别的方法可以释放痛苦和负面感受。如此一来，补充和释放的良性循环——我们所谓的自动调节作用，能够帮助我们保持强壮及活力的自动收放作用——便逐渐被腐蚀，而天真无邪的信赖感及信心也跟着丧失了。然后我们会更加依赖外在事物来释放我们的紧张，而这又会强化超我的排斥态度——"如果我变得乖一点，母亲就会更爱我一点。"当你一切都仰赖她的时候，如果她能给你较多的爱、接纳和支持，你确实会好过一些。不过等我们长大之后，却会不断地渴望得到这份爱和支持，我们不相信自己有能力给自己这些东西。

"性"通常是一种释放压力和痛苦的企图

接着我们又会把内化的母亲投射到别人身上，并且企图得到他们的赞许、爱和帮助。这也是会产生性欲最主要的动机，因为性就是一种生理释放。我们补充了之后一定会释放，所以性通常是一种释放压力和痛苦的企图。

性的动机源自于生命最早期的阶段，那就像是渴望母亲能喂饱你、让你感觉舒服一些，或是像你在吐奶时渴望她的帮助。长大之后你不再相信自己有能力来完成这些事，因为你已经形成了重重的障碍。最后的结论是："如果能找到可爱的王子或公主，我就能释放我所有的压力，一切都会变得美好起来。"在大部分的关系里，你的伴侣所扮演的角色只是一个让你舒服的人。如果他让你觉得舒服，你就会爱他；若是让你不舒服，你就会排斥他。通常我们渴望的是对方能帮助我们调节自己，一旦累积了一些紧张感，你就会说："我爱你，让我们来做爱。"但这并不意味性不可能有真爱或欣赏之类的动机，而是性经常出自于一种想要释放紧张的冲动。

自我了悟便是重拾自动调节的能力

现在我们已经知道整个情况是什么以及问题是怎么开始的，但是我们该如何对治它呢？如何才能重拾天真无邪的本性，发展出自动释放的能力？如何才能增加自信心和自动调节的能力？排斥我们的经验只会使事情更糟。没错，孩子有一段时间确实需要自我防卫，但这个现象如果持续下去，就会累积越来越多的紧张，然后自动调节的能力又会降低，最后就演变成了神经官能症。我们所谓的自我了悟便是重拾自动调节的能力，改变排斥的心理模式，重新与我们本有的自信心和信赖感产生联结。显然每一个人都向往这种祥和及放松的状态。

我们要如何才能接纳自己的经验？首先我们必须认清，我们根本不知道如何接纳自己的经验。人格根本不懂得接纳，人格一开始就是由排斥所形成的，因此它只懂得排斥。即使是人格的存在都是一种排斥，它就等于在对你的本体说"不"。即使你没有在主动排斥自己的经验，人格这个假我也掩盖住了你的真我。人格之所以会形成，就是为了掩盖真实的经验，逃避痛苦和挫折。

因此我们如何才能学会接纳？如果你说"我应该学着去接纳我的愤怒"，你不就是在排斥对愤怒的排斥吗？不就是在排斥自己的抗拒心态吗？假如你渴望从人格之中解放出来，那不就是一种对人格的排斥吗？因此人格根本不知道该怎么办。大部分的人都会觉得这整件事是令人绝望的，人格不可能学会接纳。

然而绝望不就是奠基于希望,亦即奠基于排斥的吗?无望跟绝望截然不同,因为它的基础是客观事实。

觉察心中的排斥活动就是一种禅修

让我们回顾一下排斥是怎么开始的。我们一开始所排斥的是痛苦和苦恼。起先我们说:"我不想有这种感觉,它令我痛苦,它太危险了。"不久你的想法就会变成:"我不想要这种感觉,我想要的是另一个东西。我要改善自己,我要成功。"我们甚至会认为排斥是一种友善对待自己的方式。不论你想的是什么——变得成功、变得有爱心、证入实相或开悟——只要你还想改变自己,你都是在排斥自己。每当你想改变当下的感觉时,你就是在排斥自己的经验。你只想把自己吐出来。

但这并不意味我们应该对自己说"是",因为说"是"也是一种排斥。我们只能做一件事,那就是去观察我们如何在排斥自己。一开始,排斥只是一种想要去除痛苦的企图,然而痛苦并没有因此而去除,我们只是不再面对它了。我们既不能把它吐出来,也不能释放它,于是我们只能钝化我们的敏感度。

现在我们要允许自己变得敏感起来,并且不带批判地去经验自己,既不对自己说"不",也不对自己说:"我观察痛苦是为了让痛苦消失。"如果我们只是对真相感兴趣,就能做到下面这些事:看、觉察、留意、跟痛苦共处、感觉你当下的经验而不排斥它。你的知觉会因此而变得越来越微细,你会发现你很难不排斥眼前的经验。当你在静坐时,你应该问问自己为什么要静坐?你静坐是因为你忍不住地想要排斥自己,这就是你的真相,所以你必须包容它。切莫对自己说:"不,我静坐是为了接纳自己。"就承认吧,你静坐是因为你想变得有所不同。

请留意你心中的排斥感。不妨把禅修视为一种对排斥及欲望活动的自然而消极的觉察,觉察心中的排斥活动就是一种禅修。禅修就是觉察真相，我们必须对眼前的真相持续不断地观察、聆听和感觉。如果你想要的是另一个东西，那就是一种排斥的活动。心中如果生起了一种想要超越觉察和理解的活动，那里面也有排斥的成分。如此一来你就加重了你的问题，因此你只能观察真相，只能去理解它。试着观察一下自己的心识活动，你会发现即使是我们的理解或觉察，一开始也是被欲望、希望和排斥所驱动的。这真是很无奈的一件事，我们只能去觉察它，而不能造作。

接纳意味着本体已经示现出来

这整件事就是要看到真相，承认真相，因为一开始我们排斥的就是当下的真相。排斥你自己，就等于是在排斥你的经验，因此我们要留意观察眼前的真相是什么。但是有很长的一段时间，我们所看到的一切活动都有排斥的成分，我们会发现自己禁不住就产生了排斥。如果观察一下排斥对我们所造成的影响，我们会看到其中的恨意与敌意，发现自己心中的痛苦。试着去理解这个情况中的真相，假以时日，排斥的倾向一定会减轻。

接纳意味着不排斥，停止排斥则意味着人格没有在造作什么，它在那一刻是不活动的。一旦发现到排斥的活动，并且真的感受到它对我们所造成的影响，悲悯就会出现。你会看到自己就像一个小婴儿一般。你越是能洞察到这份排斥倾向，就越有能力爱自己。假如你能看着排斥的活动而不制止它——因为制止便是在参与排斥的活动——就越能不参与排斥的活动。越是看得清楚，越是能不参与。这么做会让某个东西有空间可以冒出来。久而久之，你会越来越不认同，越来越不参与排斥的活动，然后接纳的能力就出现了。

接纳指的不是人格在接纳，接纳意味着本体已经示现出来了。感觉上那就像是一种至福、一种庇佑，如沐甘霖一般。人格是不懂得接纳的，但是它可以臣服于当下的真相——停止排斥——没有偏好、没有批判地臣服以及允许当下的真相出现。譬如你现在对你的膝盖有一种感觉，不论那份感觉是好是坏，你对它都没有批判，这就是一种允许的态度。当你臣服于当下的真相时，接纳的态度就出现了，你会有一种如沐甘霖的温柔感。以前你总是不断地经验人格的排斥所带来的热恼，现在你终于感觉清新和清凉了。你的心终于放松了，你的头脑也安静了。抗拒的热恼活动已经消失。

你无法造作出接纳的态度，但是可以通过对排斥的洞察来允许自己接纳。即使是对某种感觉欠缺觉察，也是一种排斥作用。迟钝、糊里糊涂、麻木不仁都是源自于排斥作用。人格经常假装自己能如实接纳事物的真相，为的只是逃避某种感觉。如果你能彻底觉察眼前所发生的事而不企图造作什么，那么你就是臣服于真相，为自己打开了一扇门，让接纳的甘霖降落到你身上，它一定会洗刷掉你一直想逃避和排斥的那份痛苦。现在你终于不再想排斥那份痛苦，而只是臣服和接纳它的存在。

接纳是一种治疗力量

本体就是接纳，但接纳不是一种赞同，而是一种治疗力量，也是内在自发的补充及释放作用，一种不带有排斥的净化作用。因为人格已经发现自己总是带来痛苦，所以它自然停止了下来。事实上，放下人格的活动以及本体产生净化作用，这两种作用是同时发生的。你的人格和本体在那一刻所产生的理解是相同的，所以它们才会同时运作。人格并没有遭到排斥，而是得到了理解、悲悯与爱。接纳乃是本体的一个面向，不是一种造作活动。

我们的工作就是去认清真相、与真相和谐共处、安住在真相上面，最后你终将重拾你对真理的信赖与信心。看见真相就能重拾信心，这件事的本身便是奇迹，你会像一个充满着信赖的婴儿一般。

如果我们能允许自己接纳每个当下的经验，我们就不会像婴儿时期那么排斥自己的痛苦了。我们会回到更早的婴儿期，那时痛苦和排斥尚未出现，因此我们只是单纯地相信：痛苦即使产生，也会立刻消失。甚至我们会借由自信心和基本信赖的发展而重拾最初的天真无邪状态。我们会回归到最自然的活动里：我吃东西，我的肚子饱了，我消化食物，我上大号，里面没有任何欲望，没有任何希望，也没有排斥。当感觉和觉受产生时，你会去经验它们、吸收消化它们，而剩下来的废物也会自然地排放出去，这便是所谓的自发性。

只要你能接纳真相，解放和自由就会随之而至

内在工作就是要学会如何臣服于真相。虽然我们已经认清洗刷掉内在的紧张感就是洗刷掉人格的自我紧缩倾向，但一开始我们还是要接纳这些紧缩倾向。全然的接纳和全然的觉察是同时发生的，如果排斥一份经验，你就无法理解它了。

没有排斥又意味着不把某件事和另一件事拿来比较，"我喜欢我的本体，可是我不喜欢我的人格。"试问是谁在说这句话，这句话的意思又是什么？这不就是一种排斥本体的态度吗？本体是任由事情自然发生的。只有允许自己去觉察排斥的活动，并且让我们的理解充分呈现，排斥的活动才会自然消失，接纳的状态也才会出现，然后我们就能重拾我们这个有机体的信心和信赖，亦即对真相的信赖。

觉察和理解能够带给我们这份发展，因为当你认清排斥作用时，你会开始感受到那份痛苦，并且能觉察到你一贯的生活方式是无效的，它只会制造苦恼。排斥会产生是因为你不想有苦恼，只想得到快乐。我并不是说你应该喜欢痛苦，排斥快乐；重点是要了解，想得到快乐一定会制造出痛苦，认清这一点你就会停止排斥的活动了。如果你彻

底认清了你的排斥、期望及欲求，就会察觉到你所排斥的那份痛苦而能够与它共处，而它就是你每个当下的真相。

如果你执著于某个东西，你自然会排斥它可能不存在这件事。如果执著于一个人，你就会排斥那个人可能会消失这件事。这里面有一种紧抓不放的心态，你就是不愿意开放地去经验自己。

安住在真相或不排斥的心态里，并不是要你采取任何行动，也不是一看到执著就想去除它，更不是想达到某种境界。只要你能接纳自己的真相，解放和自由就会随之而至，这里面甚至连解脱的欲望都没有。如果你还是有期待，那么就必须去认清你的期待也是排斥的一部分。

一旦能毫无疑问地信任我们这个有机体和我们自己，快乐就会源源不断地出现，但这并不是一种刻意制造出的信心。我们不需要对行走的活动有信心，因为我们的脚自然会走到自己想去的地方，而不需要期待它会带着我们往哪里去。这便是所谓的信心。只要能彻底接纳，信心自然会出现在我们的内心。

第六章　接　纳

第七章 改变与真相

你无法通过计划或期待来发现本体,它会不断地令你感到惊讶。凡是通过努力而达成的东西都是你已经知道的老旧事物,真实的人生本是一种永无止境的揭露过程,它会带给你接二连三的惊奇。你真的不知道事情会怎么发展,我们必须毫无预警地去经验自己。

内在工作就是要帮助你认识自己,以及警觉自己的感受、态度和思想。观察一下你对当下所发生的现象有些什么反应,看看你对自己、对别人以及对当下的情况抱持着什么态度。这一刻你的内心产生了什么活动?产生了什么评语?你对内境和外境有什么反应?你要对这些事保持警觉,并且要在当下这一刻就觉察到。

当下这一刻你对自己说了些什么,你想要对当下所发生的事做些什么?你是不是在说"喔,这真是好极了"?或者你可能说:"这个状态我不很确定,我希望情况能有所改变。"你对自己的想法有什么反应,对眼前的经验是否能接受?还是只能接受其中一部分?你想不想改变它?如果想,你希望它变成什么样子?假设你正在观察心中当下所发生的事,你会发现有一部分的你希望事情能有所改变,有一部分的你很想把事情改变成你所要的模样,那么请问你到底想把它们变成什么模样?谁说事情应该按照你所希望的方式发展。让我们来看看眼前这一刻你们的经验是什么。当我提出这些问题时,你们观察到了什么?你们的内在经验是什么?

学生:我发现我刚才在担忧有人会排斥这屋子里的新人。我觉得我对这里的每一个人都有一份责任。

阿玛斯:为这里的人负责?

学生:是的,为别人的态度负责。我很害怕有人会说出一些话伤害了那些新来的人。我不想让他们受到排斥。

阿玛斯:还有什么?

第七章 改变与真相

学生：我也有同样的经验，我会去衡量哪一个新来的人可以变成我的朋友。

学生：我也有同样的想法，但这个想法的底端埋藏着一种不想听你说话的欲望。我真的不想听你的话，我不想借由听你的话而学会任何事。

阿玛斯：没错。光是听我说话确实无法学到东西，一点也没错。

学生：我只是觉得我现在的状态相当不错。我有点期待那些新来的人会跟我当初来这里时一样的不舒服，因为我知道那种情况使我学会了不少东西。不过他们也应该享受自己才对。

学生：我发现我有一点被你的话所激怒，因为你的话给人一种高高在上的感觉。这些东西我已经听了三年了，所以我不需要太认真或是太留意。我发现我不再像上次有三个新人出现时那样，恨不得把每一个新来的人都丢出屋外。同时我也发现自己很想辨认出他们的人格类型是哪一种。我最感兴趣的还是我不再像以往那样被新来的人所威胁。我甚至觉得自己必须做他们的榜样。我的行为和我所做的事都应该是对的，因为他们会把我当成观察的线索。

学生：基本上，我看到新来的人或新面孔都有一种兴奋感。我也会被新来的人所威胁，结果却完全不是这么一回事。他们带给我的感觉都很好。

学生：到这里来使我非常紧张——好像我不够格似的，我无法确定自己是否能适应这个环境。同时我也联想到，在我的人生里，我曾经多少次暗自把权力交给了陌生人，而其实他们并没有那么大的能耐。

学生：我对于来这里有一种排斥感。这么美好的一天，我有几百件事可以去做，为什么要来这里。可是我又对这样的想法产生了批判。是我自己选择来这里的，因此我为什么不能去经验自己的选择？

学生：我以前把你看成是一个胡桃派，来的人数越多，我分到的份额就越少，现在我不再那么看待你了。

学生：到这里来的感觉非常奇特。我也觉得必须把每件事都做得很完美、很正确。

阿玛斯：现在我要指出一些你们共通的问题。如果我们真的想做内在工作，这都是必须去了解的问题。你们有没有发现，最常见的说辞就是对当下所发生的事作评断。我们不允许当下发生什么便是什么。我们最常有的反应就是希望事情能朝着某个特定的方向发展。我们总想改变事物，让它变成我们所希望的模样，你们的话语里都显示出这样的态度。我们心里总有个东西在看着当下，然后说："事情应该是这样的吗？"如果你看到了自己的感觉，你会怎么样？会不会认为自己应该有另一种感觉？"我喜欢这个，不喜欢那个。"你们说出的话永远是在评断自己的感觉或是评断别人的感觉及行为。

扛着一箩筐的包心菜，是无法学会游泳的

这些念头里面暗示了什么？不论你的念头是正向或负向的，是否都暗示着你似乎知道事情应该怎么样？是否暗示着你有权力对现实下论断？是否暗示着你有权力说出你和其他人应该有什么样的感觉，或是应该发生什么、不该发生什么？在基督教神学里，这个作用力是留给上帝去掌控的，只有他能决定以及知道该发生什么事。可是你一直都想扮演这个角色。如果你很仔细地检视这一点，你会发现你无时无刻都在说你知道的比上帝还多！你永远都想让事情变得不一样，而这份欲望总是以你自己的观念为主。

这些观念便是所谓的"一箩筐的包心菜"。还记不记得"岛民"这个故事？里面不是已经告诉过你，扛着一箩筐的包心菜是无法学会游泳的。游泳指的是什么？游泳指的就是生活，自由的生活。我说这些话并不是要让你对自己的生活作更多的论断。如果你这么做，就是在给自己加上一箩筐的包心菜。重点就在不去论断自己，而只是看着

眼前的情况，认清你永远在下论断。

人们到这里来做内在工作、理解并发展自己，一开始他们通常会说他们想要变得不同，想要改变现状。他们既想改变生活，又想改变自己。但如果你真的想改变自己，想让人生变得不同，那么那份改变有可能会按照你既定的成见而发生吗？那将是一种改变，还是旧有东西的延续？

你一直都想改变自己，对不对？"我是个不幸的人，我渴望快乐，这就是我想要的东西。"你对事情该如何发展的这些想法，仍然是你现有状态的产物，因此，根据一个不幸之人的想法去行事，如何能感觉快乐呢？你只可能让不幸延续下去！假如你是个善妒的人，而你想变成有爱心的人，所以你想做这个、那个，结果你只是在让嫉妒延续下去。这样的想法如何能创造出爱？从痛苦之中所产生的信念，如何能创造出快乐？这种想法只会强化它的本质。假设你是个容易受惊吓的人，那么你的想法之中可能都带着恐惧的成分，而这样的想法只会制造出更多的恐惧。

你真正需要的是观念上的彻底改变

我们会看到自己的处境根本就是个进退两难之局。人格最常见的倾向便是根据自己的成见来试图改变事物，否则又能怎么办呢？我们只能按照自己已经知道的东西去采取行动，我们根本不知道什么是解脱和圆满。

如果你真的把我的话听进去了，你的心中可能生起了一些恐惧或焦虑。但如果你对我所说的话开始有了一些了解，你就会清楚你必须放下自己的成见，重新开始。我们必须怀着未知之心来进行内在工作。这颗心对新的事物是开放的，它不会在老旧的东西里不停地轮转。

想要改变，意味着你想要一个新的东西。在你那想要改变的企图里，一直有个老旧的东西在延续着，因为你其实是按照老旧的想法和局限在试图改变。我所谓的改变是实质上的，不是一般人所说的那种改变。大部分人所说的改变只是取长补短的修正罢了，他们在实质上并没有起变化，所以称不上是改变。假设你正在受苦而你很想变得快乐，然而这件事跟加长一根棍子是不一样的。你或许可以使自己的痛苦减轻一些，可是你仍旧不快乐。快乐和痛苦是截然不同的两回事，就像棍子与云朵的差异一样巨大。

崭新的事物一定来自我们所不熟悉的地方

渴望快乐是很自然的事，因为快乐是我们本然的状态。如果不快乐，你就会觉得失去了某个东西，所以我们才渴望改变。现在我们必须自问如何才能达到这种状态？让我用一个推论来检视一下这个问题。假设你有一辆车，而你对车一点都不懂。你从未研究过引擎是什么，对汽缸、车轴或化油器也一无所知。现在你正开着这辆车，突然车子出现了一些噪音，"糟了！我必须修理它。"于是你打开车盖，试着修修这个、修修那个。你根本不知道是什么东西制造出了噪音，就算知道，你也不明白这噪音跟整部车的关系是什么。在这种情况之下，你如何能改变？

在自己的心地上下工夫，就像修理这辆车一样，你对这辆车根本是一无所知的。只要事情一出错，你首先就会批判它，然后又想试着去修正它。你完全不明白每一个问题都跟你其他的问题相关，如同我刚才所说的那个例子。一边开着车一边说它不对劲，是于事无补的。那么你该怎么办？把它开到修车厂换个火星塞、换上新的引擎或是更好的汽油？你的这辆大众"兔子"让你开得不顺手，后来有人建议你换一辆宝马，于是你换了一辆宝马。"啊，这才像样！真是顺手多了。"但是过了一阵子，感觉上它又不对劲了，于是你又开始对这辆车不满意了。或许你还可以再换另一辆车。但假设整个问题并不能靠换车来解决呢？也许你所追求的感觉并不是车子能带给你的？或许你改开飞机就可以得到你所谓的快乐？因此，你需要的改变并不是去修车或是换车，而是改开飞机。也许你真正渴望的是开飞机，可是你却认为自己需要开宝马。

你真正需要的是一种突变，一种观念上的彻底改变。你需要学习如何在天空中飞翔，而不是在高速公路上开车。内在工作就是要带给你这种改变。如果你只是坐在那里空想："我希望事情能变成这样。"那么你就是在企图开着车飞上天去。

想让车子飞起来是不可能的事，你只可能继续在高速公路上开着。也许你会开得快一点、顺一点，但是你绝不会飞起来。基本上你仍然会维持旧有的模式。

希望事情能有所不同，能朝着某个特定的方向发展，或是渴望改变自己，并不是很有效的方式，因为你永远会按照旧有的认知来期待事情能有所改变。真正应该发生的事往往是你所不知道的，而它只可能在一种情况下发生，那就是你必须认清想要改变事情的那份欲望，然后让自己保持开放："我根本不知道会发生什么事。我为什么不停止这份渴望，只是让事情自然发生呢？"崭新的事物一定是来自于你所不熟悉的地方，它不可能通过你的成见而发生。

我们现在所做的事，就是在试着学习如何对开飞机这件事感到熟悉，虽然我们开的都是大众"兔子"。如果你真的了解我所说的话，你就会发现没有别的路可走了。如果继续按照老旧的方式行事，你只可能制造出相同的结果。

真正的改变是一种自然的揭露过程

想要改变是可以理解的事。改变乃是实相的本然状态，实相永远在改变，它是不断在转化的。生命就是改变、持续不断地活动、转化及更新。如果你能允许改变自然发生，生命就能永葆清新。创造力便是一种生命的活动。如果你能允许自己存在而不去改变什么，你就会变成一个有创意的人。

渴望改变和真正的改变是没有关系的，企图改变和改变的自然活动也是毫无关系的。改变的自然活动就是一种揭露的过程，这不是你可以左右的事。问题不是出在你想改变而无法改变，是出在你不允许改变真正发生，因为你要它按照自己的方式发生。假设你有一座玫瑰花园，第一次看到这些玫瑰花丛时，你立刻决定它们应该长成鸢尾花。只要一有花苞冒出来，你就把它摘下来——"这不是鸢尾花啊！鸢尾花到底什么时候才长得出来？这些树丛不怎么对劲，我已经给了它各种东西，阳光、水、细心的照料，可是我仍旧看不到任何鸢尾花！"

别忘了这是玫瑰花丛！"我才不管它是不是玫瑰花丛，我喜欢的是鸢尾花！"你为什么喜欢鸢尾花？"因为我爸爸妈妈种的就是鸢尾花，我怎么可能喜欢别的类型的花呢？只有鸢尾花才令人顺眼。"

自然的活动会朝着某个方向发展，但是你只知道从过去的经验中所学会的事。过去已经无影无踪了，而崭新的事正在发生，可是你却说："三年前当我在热恋时，一切是那么美好，我想要重拾那种感觉。"也许你真的想拾回的只是你在母胎里的经验、坐在爸爸腿上的感觉，或是吮吸妈妈乳汁时的感觉。

假设你发现自己患了重病，两年之内可能会死亡，因而你变得非常恐惧和哀伤。可是为什么？为什么你认为再多活三十年比较好？也许两年之内死亡，有许多可能发生的变故就看不到了，对不对？也许你将去的那个地方会有更绿的牧草？有些人不喜欢他们眼前的牧草而想见到更绿的牧草，于是了结了自己的生命，这也是一种对现实的干预。

你总认为自己的想法才是正确的，而且永远都在按照这些想法来过活，但这些态度都会阻碍你的开放性，使你无法经验到眼前的事。你排斥现况，因而局限了事情发生的各种可能性。

然后你又开始问自己："我现在该怎么办？"让我们先看一看这个问题——它背后的动机是什么？这个问题的动机不又是从想要某个东西、想知道如何得到这个东西而出发的？这份渴望不又是由你一贯的信念或想法而决定的？你又涉入了同样的活动里。旧有的状态还是在延续，不是吗？只有当我们彻底了解这一切之后，另外一种新的模式才会出现。

会消失的东西皆是虚假的，真实的东西不可能消逝

寻找新的模式就是一种认为事情应该有所不同的批判，这批判是奠定于某个基本信念之上的——你应该快乐、应该长寿、应该更美丽、应该富有而成功。每一天你都在重复同样的模式，你也许会稍微修正一下它们，但基本上还是一些老旧的东西。我们总是扛着过去的一切不放。检视一下你的人生，里面几乎没有当下，也没有未来，你的心永远处在过去。

你借由延续过去而铺陈出未来，竟然还怀疑自己的人生为什么没有新鲜事，为什么感觉起来就像沼泽一般。你口里说你想改变、转化和更新，然而这意味着过去的一切必须让它们过去。我们有没有可能不带着过往的历史来到这里？

我所说的这一切并无新意。每一位灵性导师都说过同样的话："修行并不是要成就什么或是要变得快乐起来，重点是要活得真实。"我的话只是在帮助你理解这整个情况，而不是要你对它做些什么。我们要学习让玫瑰花丛自然长出玫瑰来，而不是把它变成另一种东西。

问题并不在我们渴望快乐,而是出在我们追求的方式。一旦认清我们的方式是错误的,我们就会停止下来,然后生命就会以自己的方式展现出来。我们只能停止我们的排斥、批判和不耐烦,然而只有当我们彻底认清它们所造成的伤害,才能停止这样的模式。

只有如此,真正的解脱和改变才会出现。为了活在自由和绝对的圆满中,我们需要的是彻底的突变,而这突变只有在彻底了解当下的所作所为之后才会出现。你在这里所做的一切都是奠基于理解之上的:你如何干预事情的自然展现,你造作了些什么。如果你试图做出任何有别于对眼前情况的理解,你的努力就会造成阻碍、抗拒和干预。你无法刻意让自己成长,你只能停止干预。你无法让自己快乐起来,你只能停止论断。成长和意识扩张都是很自然的事,它们都是生命力的一部分。你无法预测它会往哪个方向发展。

如果回顾一下曾经验过的解放感,你会发现心之所以会打开,永远是因为你突然了解了某些事,那一定是源自于一种释放、改变、扩张或开放。你突然不再干预什么,或是突然放下了某些想法、抗拒或信念。一味地想达成什么,这种状态反而不会发生,它只能借由丢掉某些东西而发生。我们应该在房门贴上一句:"当你感觉即将失去某个东西的时候,请热烈欢庆吧!"因为凡是会消失的东西都是虚假的,真实的东西永远不可能消逝。你不可能把真正的你丢掉,举凡会丢掉的都是虚假的。因此每当自己感觉即将失去某个东西的时候,请迎接那份感觉吧!

生命永远朝着越来越丰富的方向在发展

生命最自然的活动,永远是朝着越来越丰富的方向在发展的。如果你还没体验到这种丰富性和扩张感,那么就意味着你一直在干预这个过程。不可能有其他的理由,没有魔鬼在诱惑你,也没有人在暗算你,你就是那个干预者。

或许社会的景气不好，你没钱也没工作，但这种情况为什么会令你恐惧？你可能会说："没有工作我会饿死，所以我感到恐惧。"可是恐惧能让你活得更长一点吗？你可以大吼大叫地发脾气，但这么做并不会延长你的寿命。从最根本上来看，我们的痛苦和恐惧都是自己制造出来的，而这么做就是在干预我们的自然过程。

这份洞见是非常有效的。如果你可以为自己的态度负一切责任，解脱就有可能发生。但如果把生命交到别人手里，你就不可能有机会解脱了！

我们这里的工作永远都在朝着真相发展，也就是要帮助你学会宽容、理解和接纳眼前的真相。这并不意味你应该听天由命。这句话其实意味着对眼前的真相保持开放和接纳，而这跟听天由命是不同的。你既不对眼前的真相说"是"，也不对它说"不"，你只是完全容许自己去体验它。如果你真的能这么开放，事情自然会产生变化，没有一件事会是旧有的模样。

我没兴趣改造任何人，我的工作并不是要改造你，或是让你觉得好过一些，但这也并不意味我反对改变或赞成不改变。我们根本不把焦点放在改变，因为你只会从老旧的观点去看改变这件事。最好的方式就是探索真相是什么。如果真的有改变，那改变也只可能源自于真相本身。我没办法左右它，你也没办法左右它，只有真相本身才能决定它。

你唯一能做的事就是尽量去觉察。意识、觉知和留意使你能够理解正在发生的事。看到真相是有可能的，但你必须看到自己如何在干预它，你必须理解你的干预如何制造出心中的痛苦和冲突。一旦认清这一点，你就会停止干预了。

一旦停止干预，真相就会浮现出来。本体只有在你停止干预时才会帮助你。只有当我们留意觉察而不企图改变什么的时候，那个充满着活力、爱和最真实的东西才会出现。如果你的态度还是充满着批判和排斥，你真正的本质就会被排拒在外。你排拒它，它当然不可能帮助你。你必须毫不抗拒地与它相遇，然后它就会浮现出来，并且会消融掉排斥和抗拒所造成的痛苦。

紧抓着爱和快乐不放，一切都会开始变得苦涩酸臭

你无法通过计划或期待来发现你的本体，它会不断地让你感到惊讶。凡是通过努力而达成的东西都是你已经知道的老旧事物，真实的人生是一场永无止境的揭露过程，它会带给你接二连三的惊奇。你真的不知道事情会怎么发展，我们必须毫无预警地去经验自己。

在我个人的转化过程中，我根本不知道事情会怎么发展。我也有过许多假设、信念，以及我从别人或书里听闻到的一些观念。每当我有某种美好的体悟时，我都以为"这就是了"，但接下来又有别的事发生了，于是我又被当头棒喝一次。这种情况持续了好多年，每一次有新的情况发生时，我都以为"这就是了"。经过了无数次的教训之后，我才学会不再掌控任何事。

最后我发现这个过程是永无止境的。人生总是会带给你各种意外。每一次的意外都比上一次的更大、更难以预料。本体跟规划或训练是毫无关系的。

你也许认为你就是你的身体，而你正开着一辆大众"兔子"。接着你可能发现这并不是真相，你其实是一颗明星，正驾驶着一艘太空船。我们总想借着保持现状而留住那份安全感，孰不知对这份安全感的需求，正是我们会重复做同样的事的理由。虽然我们都感觉痛苦，而且不断地抱怨，可是仍然会继续做下去，因为那里面有安全感，我们所熟悉的自我身份可以通过这些事而延续下去。

当截然不同的事真的发生时，你却可能会说："等一等，这整个

情况怪吓人的,我不知道自己发生了什么事。我应该是开大众'兔子'的人,怎么会突然开起了太空船,这不可能是我。我的父母从没告诉我会变成这个样子,我的身份证上也不是这么写的。接下来会发生什么事?我想我快要失控了!"没错,你确实快要失控了。你快要失去你的"兔子"以及你对自己所抱持的观念,还有你认为事情该怎么发生的那套想法。真正的解脱就是让事情自然地发生。如果你干预它,那份干预的本身就是痛苦。它便是苦的源头。

佛陀在菩提树下禅定的最后一晚对自己说:"如果我不成正觉,绝不离座。"他下定决心要看看事情会怎么发展。他如如不动地坐到天亮,突然他发现,想要改变现状的企图心才是问题所在。这就是我对佛陀传说故事的观点。这是一个自相悖驳的情况,可是你又能拿它怎么办呢?

没错,想改变的本身就是一种抗拒,现在我们对整个情况已经有了理解,而且已经明白我们必须接纳眼前的情境,学着与它共处。

真正的理解使人转化,每个细胞都能感受个中深意

真相便是你的本质。如果无法认识真相,内在工作就没有任何价值了。关键就在你能不能毫不费力地进行内在工作,事情是怎么样就是怎么样,你只是不断地对它进行探究罢了。做这件事并不需要费力,当你在抗拒时才需要费力,看见真相是不费力的。看见真相即是放弃努力,这才是真正展现出了意志力。我们都以为运用意志力便是费力,以为意志力就是努力达成某些事或是达到某种状态,但这并不是意志力正确的定义。

意志力涉及对真相的臣服,也就是毫不费力地如实存在着。意志力就是彻底放下,完全自发,毫不费力。这才是真正的臣服。人们总以为臣服即是放弃所有的意志力,这个想法并不正确。其实臣服指的

是完整而客观地运用你的意志。

学生：这里的每一个人都在寻找一些东西来让自己舒服一些，感觉上完整一些。你说一旦看到真相，我们就会认出它来，我们会感觉到它、觉知到它。但是你所说的这些道理，都是深深受制于别人的。每一回你都以为自己已经看见了真相，可是十年之后你却发现那根本不是真相，那是经由别人的嘴而说出的真相。

阿玛斯：你现在所表达的感觉其实是一种绝望，你必须好好地审视它和理解它。

学生：绝望不就是人类情境很典型的一部分吗？

阿玛斯：它确实是人类情境很典型的一部分，但是你仍然可以审视和了解它，就像了解其他事物一样。绝望会令事情停留在某种状态里，也就是对真相的一种障碍。你的绝望并不是真正的无望，因为里面仍然有希望的成分。真正的无望是没有希望的。希望意味着你想要事情以特定的方式呈现出来。

学生：因此我的希望就是我期待我能理解自己的人生到底发生了什么事。

阿玛斯：没错，但是你为什么要有希望，为什么不能单纯地审视和了解你的人生？希望意味着你正在排斥眼前的情况，期待另一个东西。你的绝望并不彻底。如果你真的能彻底无望，你自然会停止干预。

学生：我发现我人生中真正的改变都发生在我不干预的时候。那时的感觉往往是：如果不停止某些事情，不论那是什么，我就可能在几分钟之内或几天内死亡。那种感觉是非常绝望的，而我不认为你可以信任那种状态。

阿玛斯：我的好朋友，情况向来都是绝望的，只是我们看不清楚罢了。你以为肉体的死亡是件坏事，其实大部分人所发生的事可能更糟一些。人类的情况一向都是令人绝望的，这是你必须看到的事实之一。你必须审视一下你的观念和假设,然后去认清事实的真相可能跟你所想象的大不相同。你以为只有一个阶段的处境很绝望,我却看见你一向都处在绝望中,你只是把它掩盖住罢了。人们通常都会掩盖住自己的绝望和其他的真相。大部分的时候人们都在拼命地挣扎,我们的内在永远有一些热恼的活动在进行着。如果你深深地看进自己的内心,你就会发现这件事。

学生:一旦理解了这些事之后,就必须去对治情绪问题了,而这一部分的问题是很难解决的。譬如说,我了解我的太太可能会看上别的男人,但如果这件事真的发生了,就算我能理解也还是很难面对的。

阿玛斯:你并不是对这件事有了真正的理解,你只是这么认为罢了。如果你真的做到了,就不会有那种反应了。你对它其实是有误解的。你可能读过某些东西,或是有人告诉过你一些观念,但是那并非真正的理解。只有当你的每一个细胞都能感受个中的道理时,才算是有了真正的理解。

然后改变就会真的发生,那并不只是说:"我太太也许会找到另一个人,事情就是这么一回事,我可以理解。"这不是真正的理解,这只是一种概念罢了。真正的理解具有一种转化的性质。假设你的理解并没有转化你,那就不算是一种理解,那就是别的东西了。

你一旦观察到实相,每件事都会颠倒过来

你会发现我总是把事情倒过来看。你所谓的意志力,其实并不是意志力;你所谓的理解,也不是真正的理解;你所谓的绝望,结果也不是绝望。总有一天你会发现每件事都是颠倒的。

我们必须持续不断地检查我们对事情所抱持的概念。你们的挂虑并不是无足轻重的。我知道你们都有很深的感受、痛苦和挫折,所以我绝不是以轻松的心情在听你们说话。然而不论你们的感受是什么,

事情必须被如实地认清。确实人们都在受苦，而人们的确不需要这么苦，他们是有可能圆满的。我知道这是可能的，每一个人也都知道这是可能的。但是我们必须不带着动机和批判来认识这件事，我们必须看到真相本身。

你不可能有一天突然产生了美好的体悟，然后从此就改变了，"啊，我的拙火升起来了，我终于开悟了。"你的拙火也许有一天会升起来，但如果你不了解整个情况，它还是可能变得一团糟。大部分的人都会经验到这种情况。最终你必须放弃所有的方法和操控，才能看到自己真正在做什么。

你不需要相信我所说的话，你应该把我的话当成是一种建议，然后亲自去检视它才对。如果只是一味地接受我的话，而且对其深信不疑，那就不是一种理解而是一种信仰了。对你而言，这些话语仍然只是一些概念罢了，你必须把它们和你的经验相连才行。真正了知这些话语的意涵就是一种解脱，真正的关键就在于认清真相。因为我们有觉察力，所以我们有机会可以解脱，如果我们没有这份觉察力，那么理解或解脱就不可能发生了。人们的问题就出在他们压制了自己的觉察力，他们并没有让它自然展现出来。

你总以为必须努力才能让自己产生觉察力，但这并不是真相。努力永远会压制住你的觉察力，因此你必须认清你如何在制约它。完整地觉知一切是很自然而无需费力的事，可是你却不断地在干预。我们的本性就是觉知，所以我们才有可能看到实相，因为实相就是我们的本质。

我现在所说的话，跟大部分人所认为的可以获得快乐的方法，是截然不同的两回事。我们真正需要的是一种激进的方法，做一点修正是于事无补的。迟早有一天事情一定会颠倒过来的。一旦观察到实相，每件事都会颠倒过来。

第七章 改变与真相

第八章 意志力

我们能不能安住在这份不满足感之上,并且彻底地去感觉它,而不试图改变它?它便是你当下的真相,因此你只能学着与它共处。这才是真正的意志力,这跟企图操纵眼前情况的虚假意志力是截然不同的。

今天我们要澄清一个几乎人人都有的误解，它深埋在我们思维方式的根源里。它是对我们生命某一部分的误解，而我们会发现我们对自己这一部分的认知，正好跟真相相反。我们要探讨的就是意志力（will）的品质。

我们已经明白，每当我们企图让某件事发生时，就是在对自然的秩序产生怀疑，你不相信本体会依循它需要的方式呈现出来。这份怀疑最初所以会产生，本是源自于对当下的排斥。在运用我们的基本信赖和真正的意志力时，你必须完全相信，你当下的经验所产生的结果正好是你所需要的，你根本不必思考那个结果会是什么。怀着这份信心去觉察当下内心正在发生的事，你就会明白你的有机体已经在竭尽所能地运作了。但是你的心智并不允许你完全安住于当下，因为你不明白你有与生俱来的智慧——它很清楚你需要的是什么——所以你不允许它运作。你永远都想指挥它，而这便是我们所谓的意志力。然而每当我们在掌控或指挥自己的时候，就是在阻断自己的自发性。我们无法真的信赖，因而阻断了真正的意志力。

真正的意志力其实就是对当下的经验彻底臣服。从一个成年人的角度来看，真正的意志力就是彻底放下我们一般所谓的意志力。真正的意志力指的并不是对另一个人臣服，而是对你自己、你的生命、你的经验以及你当下的真相臣服。臣服于当下的真相，并不意味看到这个真相而不在乎它。真正的臣服意味着心甘情愿地与经验共处，包括你所有的情绪反应，不论它们是令人愉悦或挫败的。你总是以稳定的心来面对当下的真相。

还有一种看待意志力的方式：意志力是一种跟自然调和一致的态度。眼前发生的每一件事对我们而言都是自然的。对眼前自然发生的事说"不"，就是在制造二元对立。这种虚假的意志力对事情的发展始终有自己的定见，而这只会带来更多的冲突与分裂。

认清当下能释放我们心中虚假的情绪

一旦心甘情愿地安住在当下这一刻，我们就可以看到眼前真正在发生的事。如果我们说："不，我不想接受这个状态，我想要的是另一个东西。"这个想法就会阻碍当下的经验，使我们无法清楚地看到个中真相。因此真正的意志力在运作时，会加强我们对当下情况的觉察，会让我们拥有更彻底、更完整的观察。我们必须拥有这份完整的观察，才能理解眼前所发生的事。这就是一种自动调节作用，一种情绪上的释放。这份洞见犹如性高潮一般，能释放所有的紧张感，如同婴儿时期母亲释放掉你的饥饿感和痛苦一样。认清当下的真相并且理解它，这个过程能释放掉心中的那些虚假的情绪。不满足、痛苦和冲突，并不是我们自然状态的一部分。一旦能看见和释放掉那些虚假的情绪，它们就会消失不见。这便是一种自动调节作用，而剩下来的东西才是我们的真相。

但通常我们会忙着掩盖住眼前的真相，因此我们永远都在阻止我们这个有机体的自然运作。每当你感到不满足时，你会对自己说什么？你会说："我不满足是因为我的男友好几天都不跟我做爱了。"然后你又会做什么呢？你会试着增加跟他做爱的次数。假设这个方法不生效，你就可能会去找另一个男友。也许你已经有了先入为主的想法，认为自己应该有很美妙的性高潮才对，而男友的职责就是为你带来美妙的高潮，男朋友对你而言只是一个活阳具罢了。这便是我们心底深处的想法,因为母亲的作用就是让我们得到抚慰。当你觉得难过时,母亲的角色就是要让你觉得舒服一点。如果做不到,她就是一个坏妈妈,而你自然会想找一个更好的妈妈。

从本体涌现的自发活动,完全不需要动用意志力

一旦能臣服于当下的经验,源自于本体的意志力就会释放出来,然后它就会按照应有的方式去运作。如果能彻底感觉自己的不满足,就能认清真相是什么。从表面上看来,你的不满足是源自于男友没跟你做爱,但也可能是其他的理由。如果真的与这份不满足相处,你就会发现你不满意的其实是自己。与这份不满足共处,会揭露出心中的某个坑洞,某种失落感。如果能继续与这份感觉共处,你就会明白为什么你无法通过安住在当下而得到满足。谁说只有性高潮能带来满足?那只是你的一种想法罢了。其实你的有机体可以在任何时刻带给你满足。

假如我们企图用意志力——人们一般所谓的意志力——来填补我们的坑洞,那就等于是在阻断自然的调节作用。如果能安住在真相之上,让自己的意志力与真相调和一致,迟早有一天我们会发现,我们这个有机体完全能提供我们所需要的一切。那时你想得到满足,满足就会出现;你想有圆满感,圆满就会出现。一旦拥有了真正的满足、圆满和爱,你就会发现原先你认为自己必须拥有的东西,其实是无关紧要的。当我们不再需要填补坑洞时,生命自然会展现出你心中的圆满,这才是真正的生活。与其不断地追求满足、圆满、快乐和爱,不如反过来让自己产生根本的信赖,然后我们的所作所为,都会自然呈现出圆满与爱的品质。

真正的人生就是从我们的本体涌现出自发的活动,这里面完全不需要动用到费神的意志力。真正的意志力会让你做出你必须去做的事。

如果你必须到店里买个东西或者跟某个人谈一些事，你自然会产生一些动力，你不需要一再地反思。

你们都有过这种经验，好像一切都自然而然地发生了，只要做出正确的举动就对了。做一个真正的成年人，我们应该有能力为自己以及为别人做出正确的事。

但是我们已经失去了那份自信，那份基本的信赖感，因此我们必须认清，只有真的把它们展现出来，才能重拾这些品质。这不是你可以从外面取得的东西，你可以借着安住于当下而将其演练出来，你要练习不再排斥当下的真相。

真实的意志力一旦运作起来，自然会展现出你的真我

以充满信心的态度与当下的经验共处，这也是真正的意志力的展现方式之一。其中有一种无有疑惑的自信，这不是头脑制造出来的，而是深信与当下经验共处是一件正确的事。那是一种对自己的信赖，事情就是这么简单。你不需要对任何事抱持希望，也没有任何欲求，你不再需要从别处去寻找希望，当下这一刻一切都具足了，我们只要让它发生就对了。如果还是不明白这一点，就必须去探索理由是什么，为什么不能让我们的有机体自然地运作。

我们会看到我们对意志力的探索，将引领我们回归到对真相的观察：真相能使你得到自由。真正的意志力也意味着与真相共处的一种能力，意志力的运作就是为了服务真相的。让真相显现出来是不需要费力的，因为真相就是眼前的事实，你只要停止你那逃避真相的习惯就够了。你总是企图把事情推开，或是企图让不同的事发生，这就是为什么你会阻断真正的意志力的原因。

这也是为什么有许多心灵修持的传统都强调放下意志力这件事。你确实必须放下一般人所谓的意志力。你还有别的选择吗？不论你的

经验是痛苦的或快乐的，你都可以跟它相处，或许这样就能发现其中更深的真相了。企图改变当下的感觉，就像是在对长满了绿叶的大树说："不，我喜欢的是黄色的叶子，我要你长出黄色的叶子。"然而眼前的季节是不可能长出黄叶的，这是你无法改变的一件事。你也许可以用油漆把绿叶遮住，但这种遮掩的行为就是我们对真实的感觉所做的手脚。事情的本质是我们无法改变的。

如果我们能了解事情发生的方式就是它应该发生的方式，如果我们能接受这一点，那么每件事都会顺利起来。事实上，它会以出乎意料的方式完美地运作，就像奇妙的魔法一般。

当然，对人生抱持全然的信心和信赖，知道事情会自然而然地发生，并不意味你不再采取任何行动了。我并不是说你的人生不能有任何活动、行动和偏好。真实的意志力一旦运作起来，各种的活动和爱好都会是源自于本体的，它们会自然地展现出你的真我。

这种对意志力的观点也许很难被接受，然而真实的情况就是如此，或许时间久了你就会明白了。一旦体会了这个观点，你就有能力活在正向的、充满爱的、甜美的以及喜悦的本然状态里。由于我们的误解，才导致了自我紧缩、阻隔和痛苦的恶性循环。这份误解使得我们无法处在本然状态里。

通常人们运用的意志力，是一种身体上的紧缩感

我们一般所运用的意志力，其实是一种身体上的紧缩感。它会使我们的身体变得僵硬，而我们又会用它来当成行动的跳板。当人们说自己很有意志力时，指的其实是让身体的某个部分变硬，然后由那个硬块来促使他们产生行动力，这个硬块使他们感觉行动有了支撑，使他们不至于跌倒。但如果仔细检视一下那个硬块、那个跳板，你会发现那只是身体的某种紧缩感。你已经学会紧缩身体的某个部分，某个

靠近心轮的部分。你让它变得坚硬起来，然后又从那份坚硬感之中产生出行动力。你觉得如果那份坚硬感不存在，你就会变得非常空虚，什么事也不能做了。然而这份紧缩感最后只会封闭住你的心。它会封闭住爱、喜悦以及满足感。错用意志力永远会让我们的心产生对立。

放下错误的意志力可能会令你感到恐惧，觉得自己快要掉进一个空虚的大洞里。然而真正的意志力出现时，你是没有任何恐惧的，也不会觉得空寂是不对劲的。你的心中如果出现了空寂以及真正的意志力，亦即紧缩的倾向不见了，你就会有一种开阔而非恐慌的感觉。

这种情况往往会带给我们一种进退两难的感觉。我们会害怕放掉错误的意志力、坚硬感和僵固感，我们不想彻底失败或不再有任何支撑及依赖对象，也不想失去行动的跳板。为了逃避这种感觉，我们自然会让自己变得坚硬起来，并且会创造出一种错误的意志力，好让自己有一个行动的跳板可以支撑。你总认为必须有某个东西来支撑着你，而这份信念又制造出了对抗真实意志力的阻碍，这种阻碍通常会出现在太阳神经丛[1]的部位。

现在我们已经明白意志力和恐惧是相连的。一旦丧失了基本的自信心，我们真正的意志力就会被阻隔在外，然后又会制造出一种恐惧，以为不运用虚假的意志力就会失去支撑似的。我们会觉得自己脆弱而毫无屏障，脚下的地基好像不见了。我们以为如果放弃虚假的意志力，生命就会崩解。这样的情况会不时地出现，直到你能感觉真正的意志力为止。真正的意志力不会让你觉得自己得到了支撑，你只会觉得恐惧不见了，也不再需要任何支持了。感觉上就像是一个非常开放的空间，可以任由你自由自在地体验人生。所有的可能性都在里面，你不需要采取任何刻意的行动，事情会自然地从那个空间里冒出来。

---

1 位于腹腔正中，以肚脐为中心向四周散开，就像太阳散发光线的样子，故称太阳神经丛。又称情绪体。

真正的意志力开始运作，你就会体认到自信和信赖感

如果事情能自然地发生，你当然就不再需要挣扎了。你只是存在着、觉察着，而洞见自然会浮现出来。你相信事情自然得到解决，你需要的洞见会像花朵一样地冒出来。这是非常自然的一种过程，而它一定会发生。这份开放度和自由感就是我们内在工作的成果，只要我们能允许真正的意志力自然地运作。

当我们不再需要借由那个硬块作为跳板时，空寂就变成了心中的开阔空间，而我们终生所追求的爱、满足、喜悦和圆满都会自然出现，像泉水一样源源不绝地涌出来。但是我们会制造出心中的硬块，以为必须借着它才能达到圆满，于是这泉水就被封闭住了，然后我们又会问自己："为什么内在工作无效？我试过这个也试过那个，但仍然不觉得满足。"其实你所谓的内在工作只是在封闭住它罢了。

最后，真正的意志力会以一种了知的形式呈现出来，但这并不意味有某个高等的东西在为你效劳。你只是很清楚地了知我们这个有机体——这股生命力，会以最佳的方式来做它必须做的事。这是对自己的一份真正的自信，你的心将是完全祥和的，绝不会把自己分成两半，然后说："这一半不够好，我要改善它。"你当然也不再渴望男友能带给你性高潮了。性高潮也许会发生，也许不会，如果发生了，那也只是爱和圆满的自然示现，不会是从需求里所产生的结果。

一旦认清努力和希望都是徒劳无益的，我们就不会再去追求任何东西了，然后彻底的自由就会从单纯的存在之中涌现出来。你以为到这里来可以使你达成各种事情，可是你却被告知必须放弃你的希望。欲望和希望乃是企图用虚假的意志力障蔽住真正的意志力。

因此，真正的意志力就像一块"无有疑惑"的基地，它会使你对事情的运作产生信心。它很难被精确地描述。我的说法可能会被你误

解成头脑里的某种观念,而这就是我为什么会用"无有疑惑"的原因。我的意思是,你的内心会有一种感觉和理解,你知道事情自然会顺利地运作。真正的意志力是运用在当下这一刻的,也就是对当下这一刻保持开放。或许你的头脑完全能理解我所说的一切,但你的理解还必须随着时间逐渐演变成"无有疑惑"的了知。那时你连思考都不再需要了,你只是单纯地过日子就够了。

设定目标的练习,可以让你独自面对当下

我们会做某种特别的练习,来帮助我们理解以及释放出这份真正的意志力,我们把这项练习称为"设定目标"。这项练习听起来有点矛盾,因为它似乎是在训练错误的意志力。一开始我们好像是在运用错误的意志力,但其实我们是在运用意志力来跟当下的真相共处。其目的并不是为了要达成什么,而是要学会安住在当下,看见当下的真相。如果你想了解某个议题,你就必须采取跟这个议题相关的某种行动,这样你才能真的了解它。举例而言,你很想了解为什么你总是企图得到别人的注意,于是你为自己设定了一个目标:接下来的一个月里,要不断地观察自己是如何在企图得到别人的注意。或者你可以设定在接下来的一周里,每天起码有三十分钟的时间不再做任何引人注意的事。这便是设定目标的练习。你会逐渐看清楚什么才是真正的意志力的运作。但是有一段时间你会把真正的意志力和虚假的意志力搞混,这也没什么关系,因为它会制造出一些难题来挑战你。设定目标的练习可以让你独自面对当下的真相,这样你就不会依赖团体的支持了。你在设定目标时必须很精确地说出你准备做什么,多久做一次。精确度是其中很重要的一部分。

学生:你提到的那个胸中的硬块,对我而言就像是用皮带鞭笞一

根阴茎，要它到外面去做生意。而且我发现这种情况会让我回家之后跟我先生产生一些问题，就像是两根阴茎之间的战争。我发现我很难在先生面前放下心中的硬块。我们刚刚才发现我们一直在做这样的事。

阿玛斯：这是一种自我防卫式的意志力。阴茎象征的是一种攻击性，一种坚硬的心态，也就是我们一般所谓的意志力。我们以为意志力就是一种攻击性和行动力，然而真正的意志力其实是一种顺受的态度。你运用了错误的意志力来护卫自己，所以你必须了解为什么你会这么做。人们有时会用新月来象征真正的意志力。新月中间有一颗星星，象征着对自己的真我臣服，因此，接纳指的就是臣服于自己的真相。你可以有行动力，但是行动力不需要以自我防卫及坚硬的方式呈现出来。如果你觉得必须这么做，你可能已经误解了它。不妨检视一下你的观点，当你产生那种感觉时，请跟它相处一下而不要试图去改变它。想要改变它一定会涉及利用心中的硬块，或是利用那根阴茎来对治自己。现在你不妨问问自己："为什么我会想到用阴茎这个象征？"

在我们这个文化里，我们通常会把意志力看成是一种男性象征，一种坚强的男子气概。但是从根本上来看，真正的意志力是阴性的。接纳真相或是与实相调和一致，就是意志力与本体真正的关系。

奔流的溪水有根本智慧在引导，这是本体的运作方式

学生：从实际的角度来看，整个商业文化都是奠基于目标、计划以及投射出错误的意志力。当整个社会都处在颠倒状态时，你如何能按照自然的方式运作呢？

阿玛斯：没错，整个社会确实是奠基于这种错误的观点之上的，不过你还是可以接纳这种文化，然后观察一下你自然的本质如何在这种情况里运作。你还是可以从这个角度来做你的生意。我们通常的想法是："事情应该是朝着这个方向发展的，可是我们要如何从这里走

到那里？"但自然的观点就像是一条奔流而下的溪水，因为有一种根本的智慧在引导它，所以它永远会以最轻松的方式来运作。这就是本体的运作方式。如果我们不信赖事情会自然地发展，我们就会以各种方式去操控这条河，结果却把事情弄得越来越困难。在理解的过程中，我们必须探查自己的反应："我为什么要操纵这条河？我为什么会做这件事？如果让事情自然发生，它会怎么进展？"

社会确实是在违抗这种自然的走向，因为它是奠基于人格而非本体的。因此你一旦选择去做正确的事，就会感觉周遭的每一个人都在反对你，而且每件事都在出差错。真的，很少有人会赞同你的。这时你会觉得要继续信赖自己是很难的事。外界施加于你身上的压力是非常巨大的，因此你必须更加安住在自己的真相上。

学生：儿童期受到环境的挫败而导致意志力的丧失，这跟负面情绪的浮现是否相关？

阿玛斯：是的，它们是同样的东西。负面情绪的浮现就是尚未释放的挫败感。就因为挫败感尚未释放，我们才无法发展出自信心。未释放的挫败感只是生理层面尚未释放的负面能量罢了。它反映出了心智次元已经丧失的自信心。

学生：我觉得就是因为我们逃避真相、逃避当下，所以才必须费力地跟真相共处。

阿玛斯：如果你仔细检视过自己，你会发现你无法安住于当下，是因为你竭尽所能地不想安住于当下。安住于当下是很自然的事，如果无法做到，就表示你在竭尽所能地运用意志力。不愿看到当下的真相，可能是一种不知不觉的活动，所以一开始确实需要运用一点意志力，才能对治那排斥当下的无意识倾向。我们现在已经明白，如果能坚定而开放地观察当下的真相，以及从这真相之中自然呈现出来的东西，时间久了，真正的意志力就会开始运作。

第九章 自我与无我

有一天你会发现,这个自我只是一些身体所累积的紧张能量。你会发现这整座岛的存在只是为了要遮蔽住某个东西,它的存在是为了防止你融入大海中。你以为你是在试图让自己和其他的岛分开,其实你是在让自己和大海——宇宙本身——分隔开来。

今天我们要谈的是自我（self）与无我（selflessness）这个主题，并且要阐明它们的真谛。我要说的观点并不是很容易被理解和认清的，就算可以也不很容易被接受或尊崇。如果这个观点无法被接纳、整合及理解，你就会继续抱着旧有的观点过日子。这意味着你的生活还是会维持原状，顶多在某个心理议题上稍加修正罢了。我们要提出的这个观点，可能需要好几年的时间才能完全被理解和接纳。

我们一般所抱持的观念，通常是从自我的角度出发的，而我们就是依照这样的观点来过日子的。你对这个"自我观念"是如此的深信不疑，甚至愿意为它牺牲你的生命，然而这个所谓的自我观念到底是什么？

你和你所认识的每一个人都认为自己有一个"我"，而这个"我"有它自己的需求、欲望、希望、计划、权力和偏好。你同时也认为这个"我"需要被支持、满足和慰劳。你认为必须为这个自我谋取一些东西，而完成自我的梦想、欲望和计划便是人生最主要的目的，也是每个人最基本的需求。我们所做的每一件事都是为了支持自我、加强自我和扩张自我。每个人都有他的自我领域，就像一座座的孤岛一样，而它永远是跟别人的岛屿分开的。

你只关注自己的岛，认为它和别的岛是不同的

你对别的岛有没有任何觉知？好像并不多。你对别的岛的觉知通常是带有色彩的，因为你真正关心的只是如何保护和强化自己的岛，

所以你对别的岛并没有真正的兴趣。当你想到别的岛屿时，你所想的都是如何从它们那里得到一些东西，或是它们是否挡住了你的视野。

你的参考点永远是自我。你的每种感觉、想法、行动、决定、计划或是抱怨，都跟这个自我有关。这是非常普通的一件事，大部分的人从不去思考它，因为所谓的人生就是：每座岛都在尽力为它自己谋福利，至于会变成最好的岛或是最糟的岛，就取决于你为它所作的计划了。

有时岛屿跟岛屿之间会发生战争，有时也会建立起友谊。不论是战争或友谊，都是以你自己的观点为主的——端看你从另一个岛能得到什么或不能得到什么，你喜欢它或不喜欢它，它带给你什么感觉，以及你对它的意见是什么。

这个世界上有各式各样的岛屿，有的非常富足、巨大、繁荣而快乐，有的则非常贫穷、狭小而荒芜。有的岛拥有美丽的建筑和蓬勃的发展，有的岛则没有什么可以拿得出来的东西，而且生活得很艰苦。还有的岛屿一直在致力于毁灭自己。但不论它所处的是什么样的情境——繁荣、受苦、致力于成长或发展——它仍旧是一座孤岛，而这就是你对自己所抱持的观点。你觉得人生就是这么一回事。

回想一下你的成长过程中到底发生了什么事。或许你正在做内在工作，你对自己的觉察正在逐日增加，甚至还试图去帮助别人，不过你始终是一座孤岛。你的心充斥着各种独白、对话、想法、感觉、反应、计划、回忆或谴责等等的念头。这里面的风暴跟外界毫无关系，你可曾真的站在别人的角度为他们考量过？

每当我们想到别人的时候，我们考量的不外是对他们的一些好恶。他们身上有些东西是我们不想要的，或者有些东西是我们想要的。我们不是把他们推开，就是想把他们拉到身边，但不论我们做什么，总是忘不了自己。我们很少在看着一个人或是一个东西时不立刻联想到自己。

我现在所说的话只是在描述事实而不是在批判。即使当我们做出人道举动，譬如在帮助别人或服务别人时，我们还是会焦虑或担忧我们有没有把事情做对，爱心够不够，有没有帮上忙，而这些全都是从自我的角度出发的考量。你关心别人的程度远不及你关心自己，你其实是在奉爱和服务之名关心自己。

你无法客观地观察或是去经验任何事

当你想取悦别人的时候，你要问一问自己为什么想取悦他们。当你为某个人做某件事的时候，你要问一问自己为什么想做这件事。你会发现你永远是从自己的观点、基于自己的理由而去取悦他们的。如果他们不感激你，你就会觉得失望。你会觉得你的爱或是你的礼物遭到了拒绝。不论你所处的情境是什么、感受是什么，你的心都像是乒乓球一样不断地撞来撞去。"我现在舒不舒服？我有没有做对事情？他喜不喜欢我？我是否作出了最佳选择？那个人是否了解我所说的话？"这便是在坚硬的外壳下所发生的事。乒乓，乒乓，乒乓！我们的外表和内心是表里不一的，我们的内心经常有一场乒乓球赛在进行着。不论你的感觉是快乐或痛苦，你基本的观点都是如此。

譬如，你看到积雪的远山高高地耸立在那里，但是你真的看过那座山吗？还是透过自我的镜片在看它？你只是单纯地看着它，还是对它生起了一些感觉？也许你很想上山滑雪或是去登山，也许这座山令你觉得自己很渺小或是很巨大。你无法看山就是山，因为你总是把它和自己联想到一块儿了。

因此你从未真的看过一座山，从来没有！你看到的多半是山所反映出的你。你看见的是外在的那面镜子所反映出的一座孤岛，你所遇到的每一个人和每件事都是同样的情况。这就是你一贯的运作模式，也是你未来的运作模式，更是所有人的运作模式。

然而这到底意味着什么？这意味着你无法如实看见任何事物或人的本身，你无法客观地看待他们。你不认识这座山，也不认识你眼前的这个人。真的认识一个人，意味着不带有任何成见地去观察他。你不能从自己的标准或是自己的镜片去看他们，这也意味着你看不到眼前的真相。只有一个方式能真的让你看见那座山，那就是让你自己变成那座山，而不带着对那座山的任何观点。然而你总是从过去的经验所产生的想法和成见来看这座山，所以你反过来让那座山变成了你。

同时这也暗示着，你和眼前的实相之间有一层屏障和阻碍。当你听到这些话的时候，你也许并不觉得很严重："好，就算我看不见眼前的实相好了。"其实你已经对自己生起了批判和论断。如果你已经生起了这些反应，那不就意味着你又是从同样的观点在看待自己吗？

我们现在是在试着觉察这整个情况，并且去了解它，我们并不是在企图改变它。如果你改变它，也只能按照旧有的蓝图来修正它。

你防卫着自己的岛，不停地为它添置新东西

自我观念暗示着一种局限，一种对自己的经验的约束。换句话说，你被封锁在一座监狱里了！也许你可以用各种东西来娱乐自己，可是你仍然被锁在监狱里。你根本无法离开这座岛，而且也不想离开它。你无法想象离开它会是什么情况！你认为离开了这座岛你就会淹死，因此你总是以各种不同的方式在同样的范围里打转——有时骑脚踏车，有时开车，有时乘热气球，但是从未跨越过这个范围。

自我观念也暗示着它跟其他的岛是分开的。如果你的岛是属于自己的，你难道不需要保护它吗？难道不需要维持警戒吗？你永远会害怕不好的事发生在它身上，因此你需要一个强大的军队来保护它，你

投注了大量的精力和资源在国防上。当你没有在防卫它的时候，你也会忙着为自己的岛添置新东西。你的人生只有两个主题：保护与获取。你渴望拥有更多的认可、更多的成就、更多的知识、更多的经验、更多的享乐。你想让自己的岛变得更坚强、更耐久、更富有、更有价值，然后你就更有理由去保护它了。

保护和获取的行动都是奠基于下面这个观点的：你是一座独立的岛，而这座岛是需要被强化和永续利用的。大部分的时候你不都是在保护它或累积一些东西吗？即使当你开始追求灵性上的解答时，你也还是不断地在累积灵修经验！累积金钱和累积本体是同样一回事。你的态度还是一成不变：你总是害怕失去你的体悟，而且还想拥有更多。只要你仍然抱持着这样的态度，痛苦和贪欲就会持续下去。

如果你不认为有一个自我需要保护，你还会光火吗？

让我们仔细地看一看这种态度里面所隐藏的意涵。譬如某件事发生了，而你觉得十分恼火，那么请问使你恼火的到底是什么？如果你不认为有一个自我需要被保护和支持，你还会光火吗？只有当你觉得受伤、被羞辱或是得不到自己想要的东西时，你才会愤怒。因为有一个人制造出了特定的自我形象以及对自己的某些看法，所以这个自我形象若是遭到了挫败、伤害或羞辱，愤怒就出现了。但假设并没有一个自我在那里制造出一些对自己的看法，那么愤怒还可能出现吗？观察一下你所经验过的任何一种痛苦，譬如嫉妒、愤怒、憎恨或是恐惧，是不是都源自于有一个人受了伤？蒙羞或受辱之类的感觉，是否意味着有一个人的自尊受伤了？挫败感是不是也意味着有一个人没有得到他想要的东西？

你不但没有如实看着你眼前的实相、它的美、它的宏大及庄严，还受到了非常大的局限。你左思右想、担忧自己不够完美，就像有一个人应该达到完美标准似的。然而你根据的是谁的标准？通常都是自己的！你是不是一直都在想着为自己获取些什么东西？

是什么东西决定了你思想的内容？是你的情感还是情绪？是什么东西决定了你生命的内涵？那个促使你作决定的最主要的观念，就是有一个所谓的自我是跟所有人分开的，而且是必须被保护、必须累积一些东西来满足它的需要的。这样它才能存活下去，继续当一座孤岛。随时随刻你都在把自己的经验和这个观念相连。

每当你批判自己的经验时，你是不是就在把你的经验和某种观念相连？每当你产生情绪反应时，你是不是就在按照某种观念而产生反应？即使是对痛苦的关切，也都是奠基于自己是座岛屿这个观点之上的。"喔，现在我已经认清，我会痛苦的原因就是我把自己当成孤岛了，而且还认为必须保护这个观点。"然而到底是谁在说话？是谁在受苦？如果仔细检视这整个情况，你会发现我们所谓的自我本是奠基于某种界限和束缚的。我们存在于自我的身份认同和界限里，这便是我们的世界。

这个世界从何而来？这个世界以及它的蓝图、概念、计划、梦想和偏好，不就是你过往历史的产物吗？那里面没有任何新的东西，没有一个东西是清新的。你所谓的自我、你的那份界限感或是你的身份感，都跟当下毫无关系，它们都是从过去的历史所产生的反应。

自我观念永远源自于匮乏感

现在我们已经看到了一些自我观念所隐含的意义。这种观念永远是源自于匮乏感。你或许以为自己已经敞开心胸准备去面对一些新的事物，但是你真的办到了吗？自我的视野是孤立而受限的，它不允许任何根本上的改变，也不允许自己去经验新的事物，甚至连存在这件事都不允许。

只要我们仍旧把自己的经验和自我相连——即使这个经验是正向的——我们就仍然会有痛苦和挫折。如果你认为真的有一个你在经验一些事情，你就会利用那个经验去加强你的自我，让自己感觉舒服一些。这意味着当你拥有一个愉悦的经验时，你会害怕失去它，或是想重复地体验它。但如果你的经验是痛苦的，你就会排斥它，想要改变它。

然后你又会质疑："那我到底该怎么办？"我们现在必须检查一下这个问题。你问的这个问题和"你"有没有关系？它是不是从你这座岛所产生的反应？如果你觉得自己必须做些什么，那么这个想法是不是源自事情应该变得更好之类的观点？你想让自己的岛变得更舒服、更有秩序一些，但这不就是问题所在吗？我们误以为真的有座岛需要被支持、强化和改善。

我们有没有可能只是单纯地看着这整个情况，完整地去觉察它、理解它而不批判它；既不想改变它，也不想让它变成别的模样。我们不需要为任何观点辩驳，也不需要累积知识或得到更新的经验。我们的探索除了想理解之外，没有任何其他的动机。

自我就是身体上所累积的紧张能量

只要你从自我观念去看这个世界，就无法觉知到实相了。从这个观念所产生的行动往往会助长它自己。只要你还想改变自己、得到根本的转化或是想要开悟，你就是在抱持着自我观念。你以为有一个人会从此改变、开悟或是拥有各种美妙的事物。你希望自己的这座岛能变成天堂——里面有开满芬芳花朵的美丽花园及河流。只要你还认为这座岛是存在的，那么不论它有多美多丰盈，你都注定要遭受恐惧和挫败的折磨。

我所说的这一切都还不足以使你相信，你的自我观念就是你痛苦的主因。你必须亲自去观察，看看我说的话是否正确，否则你还是会认为你可以从我刚才所说的话语里得到某些东西——变得更快乐、更有理解力、心胸更开阔。

自我观念是非常微细的，它已经深埋在我们的心底，要想摆脱它几乎是不可能的事。大部分的时候你并不想摆脱掉它，因为你不知道还有什么其他的可能性了。

"如果我没有得到东西，我的需求就不能被满足。这个世界充满着饿狼，如果不警觉一点，我就完蛋了。"

另外还有一种更开放、更不受约束而又没有自我感的观点，它不从任何特定的角度而是从整全的视野去看待现实。这件事是有可能办到的。我们确实有可能不把所有的经验跟自我中心相连。人类的经验确实有可能不受这座孤岛的局限，而能够把整个宇宙都看成是自己的世界。我们确实有可能认清那些会造成局限和孤立的信念、误解及不安全感。

虽然你认为自己是座岛屿，你还是有可能看见这座岛是你想象出来的。它并不像那座山或是你的身体一样是实存的，也不像本体的存在那么真实。它只是一种心智的建构，一种记忆的组合。有一天你会发现，这个自我只是一些身体上所累积的紧张能量。你会发现这整座岛的存在原来是为了要遮蔽住某个东西，它的存在其实是为了防止你融入大海。你以为自己是在试图和其他的岛分开，其实你是在让自己和大海——宇宙本身——分隔开来。你可能会发现，自我观念只是一种想要逃避不安全感和恐惧的谋略。你确实有可能体认到实相是什么而不带有任何定见，不论喜不喜欢，你都有可能开放自己的心去经验一切。

如果客观地观察眼前这一刻的你，你会看见自己正在对我的话和当下的经验采取某种特定的立场，你正在下论断，也许是喜爱或是排斥。不对自己的经验采取任何立场，不评断自己的经验，确实是可能办到的事。我们可以不带任何反应地去觉知和经验，但是你必须了解自己的所作所为，了解你如何不断地对自己的经验下论断。

一旦采取某个立场，便是与生命的活动相对立

我们确实有可能看山是山，我们确实有可能不带任何成见地去体验痛苦的感觉——哀伤、嫉妒、受创等等。那将会是一种增强能量的经验，它会使你的心胸开阔。不论你经验的是什么，你的心都能保持祥和。

你会发现，每一件事都是一种创造力的展现，也是生命在改变和转化的自然过程。痛苦之所以会产生，是因为我们采取了某个特定的立场。任何一种立场都是僵固的，而且都是跟生命的活动及改变相互对立的。

我们确实有可能从空寂之中去彻底经验某个人，完全变成那个人，其中没有任何可以阻碍那份经验的立场。当你没有任何定见时，你就可以没有反应和评断地去看一朵花，并且能完全认识这朵花。这种对事物彻底开放、没有僵固定见的态度，就是实相，其中没有任何排斥、论断和局限。这份开放性能够允许本体以各种方式示现出来。

我们确实可以认清自己受苦的原因：永远都在以各种的立场塞满自我。当这种情况产生时，你就无法鲜活地、直接地、单纯地去经验事物了，甚至你会发现自己的身体是沉重和迟钝的。如果能够放空，身体会因此而变得轻盈，它不再是你经验的一种阻碍。身体就是你在这个物质世界的定位，但是你的经验不需要被它的形状或构造所局限。

你基本上只是一个开放和敏锐的个体，它没有任何定见，也没有任何限制，不论是情绪上的、本体的、生理的或是心智上的限制。一旦能允许自己变得如此开放和自由，你就会体认到你只是一股慷慨而充满着爱的能流。

源源不绝的爱是被自我观念所阻断的。爱这股活水从不去思考给

予或不给予，它只是源源不绝地涌出来。成见就是一种局限，它会障蔽住你的心，如此一来，你的心就无法释放出甜美的汁液了。

只要你还以为自己是个独立出来的个体，而且仍然想获取什么以及想保护自己，你就会障蔽住爱。爱能够摧毁所有的阻隔。爱跟你我都无关，爱就是空寂之中的创造活动，爱也是自由的产物。当你的身体和心智不再受制约时，身体和心智就会变得和谐，那时它们所表达的一切都会是充满着爱和富足感的。我们的存在最自然的活动便是爱。从自由之中所展现出来的往往是爱、良善、甜美和满足。如果所有的观点都消失了，完整和真实的爱就会出现。爱一旦出现，获取及自我保护的活动就不见了，这时你的身体会变成接引爱之泉的管道，爱会自然地涌出。这份开放的心胸和从其中所涌出的爱，将会使每一件事都以最佳的方式发生。

处在这样的境界里，你不会有任何想要获取、保留甚至是给予的想法。里面没有任何自他之分。孤岛不见了，剩下的只有爱、空寂和整个宇宙。除了展现出那份爱之外，你什么也不是。当你发现自己有某种观点生起的时候，如果能允许它放松，允许你的心放下，爱就会自然涌现出来。那时你会看见你并不是一个孤立的个体，你会直接体认到我们都是同一个东西的个别展现，我们都属于同一个东西的一部分。在最根本的层次上，事情的真相就是如此，万事万物都是一体的。界分感只是你所抱持的一种信念，而它会阻断你心中自然涌现出来的爱。

任何一个人放下自己的成见时，整个人类都会受惠

我们必须认清，企图获得解脱及源源不绝的爱是徒劳无益的事，因为这不是凭着累积或企图心就能达到的状态。你必须了解整个情况，看看你是不是在抱持着想要获取的观念，而且你的观念会阻断爱的活

水。一旦停止那份想要获取及自我防卫的活动，解脱和爱就出现了。

我们现在已经认清自我的定见会阻碍我们的开放性与解脱，而如实见到实相却会带来自然的秩序。

现在我们可以问问题了。

学生：人格九型的说法和你刚才所说的孤岛有什么关系？

阿玛斯：人格九型只是把孤岛分成不同的类型罢了。

学生：这点我了解，但是你刚才说地球上有多少人就有多少座岛，这样看起来九种类型似乎太少了一点。

阿玛斯：地球上有各式各样的人，人格九型只是其中的一种区分方式，但即使是某个特定的类型，其中也还是有不同的差异，没有两个人是完全相同的。可是从另外的角度来看，所有的人都是相同的。基本上所有的人格类型都是从同样的观念出发的——每个人都在护卫自己，每个人都在为自己谋福利。一旦认清集中焦点在自己身上或过度关心自己的私人生活，都会阻碍实相的自然秩序，你就会心甘情愿地去爱了。慷慨的心胸是不会受到威胁的，你会看到慷慨才是我们的本质。放下成见是没有损失的，你反而会获益无穷，但是又没有一个自我在那里收获什么。收获是属于大家的，属于全宇宙的。你会因此而感受到自由、喜悦、圆满和快乐。但是这些感觉并不属于你，它们是属于全宇宙的。当任何一个人放下他的成见时，整个人类都会受惠。借由内在工作来认识自己和自己的人生，这件事从最究竟的角度来看，其目的并不是为了自己，而是为了整个人类及地球。

自我的定见，会使地球的某一根经络受阻

我们都是一体的，我们都属于同一个网络。你身上的细胞和器官都在分工合作使你这个存有变得和谐，同样地，地球上各式各样的生

命也都在共同合作创造出一个基体。个人的健康可以有益于整个地球的人类。这就是为什么你越是开放心胸，就越是能爱和服务众人。开放的心胸能使你认清众生是一体的，在这种境界里已经没有给予的问题了，因为爱的活水会从一个细胞流入另一个细胞，来维持整个有机体的健康。

给予的观念总是来自于自我，因为总有一个人在那里给予，而另一个人在那里接受——两者永远是分开的。但爱是一种自然的循环，只有变成这自然循环的一部分，并且让这个循环不受到任何阻碍，我们才会真正快乐。一有自我的定见，并且还想保有这个定见，就等于是在筑堤堵水，这么做会使地球的某一根经络受阻。

学生：有时别人会用言语攻击我。我知道保护自己免于受攻击是很重要的事。这种形式的自我防卫和你刚才所说的一切，如何才能相互融通？

阿玛斯：护卫自己就等于是在对抗超我，不论外在或内在都一样。超我的目的只是在保有自我观念。超我基本上只会阻碍你看到实相。你通常会运用自我防卫的方式来帮助你客观而无惧地去看事情，可是一旦学会对抗超我和自我防卫，你就不得不相信有一个我可以被保护了。

从最根本的角度来看，你真正该保护的是你的开放性、理解及觉知。总有一天我们会认清，理解和觉知才是我们最佳的防卫。如果我们的觉知能够完整而彻底，就没有任何东西需要防了。防卫自己等于是在绕道而行。但是尚未认清你根本没有一个自我之前，你必须先拥有自我。在放下自我之前，你必须先拥有它。如果你的自我是四分五裂的，你很难放下它。如果你的自我充满着恐惧、沮丧，或者已经四分五裂到无法处理现实的程度，你自然会竭尽所能地保护它。你不可能开放心胸，因为这意味着你会丧失自己的边界，这真是太恐怖的事了。学会保护自己免于遭受攻击，你确实会变得比较坚强，心胸也比较容易开阔。

我们以为去爱会丧失自己，但丧失的其实是自我的疆界

能够给予和无私地去爱，就意味着你不再被僵固的观念所捆绑。我指的并不是你从此不再做人了，而是你对所有的经验都抱持开放的态度，不再受到心智建构的捆绑。与自我观念相比，这种想法是非常激进的。

我们终生都活在自我观念之中。我们所有的概念、理想和焦虑都是从这个观念发展出来的。我们总认为有一个我需要延续下去，而这个我是奠基于特定的局限之上的。

我们既是存在，也是本体。存在不需要任何边界，而且存在和最根本的宇宙能量是没有差别的。在形体上我们跟别人确实有差别，我们各自拥有不同的身体，但是在根本的层次上我们是没有差别的，我们的身体都是那最基本的能量或是根本意识的展现。我们都是同一个大海里的浪花。

一旦认清了这一点，你会禁不住地想要去爱。爱不是一种损失，爱只是一种存在。我们通常以为去爱就会丧失自己，其实我们丧失的只是自我的疆界罢了。爱意味着你不再认为自己跟别人是有差别的。

学生：如果一个人真的敞开了他的心胸，旁边的人会受到什么影响呢？

阿玛斯：那就要看旁边的人是什么情况了。因为爱有一种抹除界限和疆界的倾向，因此旁边的人所抱持的观点及觉知的程度，会决定他们是否能敞开心胸或是继续护卫自己的观点。有时爱会令身边的人感觉受到了威胁，而必须去强化他们的自我防卫。

从长远来看，爱终究会让身边的人也敞开心胸，但是要让这件事发生，你必须先建立起完整的理解，然后才能创造出一个管道让爱流过来。缺少了理解，一定会有障碍。爱与理解是相互影响的，爱需要靠理解来帮助它消弭所有的障碍。爱是最基本的能源，而理解这个管道则能将它输送到需要它的地方。

学生：你对核武器有什么意见？

阿玛斯：没有任何定见并不意味你对周遭的事漠不关心，或是对周遭所发生的事采取消极态度。如果你的心真的打开了，那么自发性和积极的行动自然会出现。

有人问过一位智者有关核能方面的问题，他回答说，核能既不是正面的，也不是负面的，重点在于我们对它所抱持的态度，以及我们到底是从自我的角度还是从开放的角度来看待它，就像我们对金钱、性、日光或山岳所抱持的态度一样。真正决定它是负面或正面的，其实是我们的观点。核能可以用在最好的途径，也可以用在最糟的目的上，端看那些在利用它的人所抱持的是什么观点。如果我们是从自我的角度来利用它——充满着恐惧和贪婪的自我保护欲望，那么这股能量就会被用在权力斗争和相互毁灭。核能并不是问题所在，问题出在我们的观点。

第十章 爱

　　宇宙之爱是接纳一切事物的,它不会将人格视为一种障碍。从宇宙之爱的角度来看,人格就像是在大海中穿梭的一条鱼。如果这条鱼觉得自己很伟大,那么宇宙之爱就会说:"它喜欢那种重要的感觉也无妨,这又能带来什么改变呢?"

今天我们要探索的是一个最容易被滥用的字。每一个人都在误用它，所以我几乎完全不采用它，或者我用它的时候通常都有特定的意义。这个字就是"爱"。

如果我们真的知道这个字的意涵，就不会那么常用到它了。我们所以会不断地用它是有理由的，因为我们自以为已经了解它的意思，自以为已经知道什么是爱，因此当我们说"我爱你"时，我们是真的这么认为的。

首先让我们来探索一下一般人所谓的爱是什么意思，然后我们才有可能理解和欣赏爱的真谛。

我们对爱设定的条件

我们通常会在特定的情况之下使用这个字。"爱"指的是两个人之间的关系。我们通常会说我们爱某个人，因此"我爱你"永远有个他者的存在。

一般所谓的"爱"总是跟亲密关系或别种类型的关系相连。这是一个很有趣的假设——"爱"是存在于关系之中的，是一种你对某个人或某件事的感觉。不过我们逐渐会发现，这种假设刚好跟真正的爱是相反的。

另外有一个常见的与爱相关的假设，那就是，爱不但有对象，而且有特定对象。你觉得爱自己的孩子、丈夫或妻子是没问题的，可是却无法想象你可以爱每一个人。你不认为自己可以或应该去爱高速公路上的每一个人，你觉得爱是独特的，只能给某个特定的人。在你的心目中，只有你所爱的人才是最重要的，别人都无足轻重。如果你有这种想法，那么你能够爱的对象就很有限了——只有少数的人、少数的动物，也许是你的猫，可以带给你非常特殊的感觉。就因为他们能带给你特殊的感觉，所以你才爱他们。

这意味着你感受到爱的时间很少。只有当你跟某些特定的人相处或想到他们的时候，你才会感觉到爱。因此爱是有特定时间和特定对象的，不像空气一样随时都存在。

我们还有更进一步的对爱的假设，其中之一是，只有当某人符合你的要求时，你才能感觉到对他的爱。你对这个人的行为设定了某些条件，如果这些条件没有被满足，你的爱就消失了。

我们为爱所设定的第一个条件是，它发生在某个关系里。第二个条件是，爱有特定对象。第三个条件是，只有某些条件被满足了，你跟那个人之间才有爱。然而真相是那个人很少能满足你的条件，因此条件往往限制了你爱的范围。

我们关心的是如何得到爱而不是如何去爱

我们对爱所定下的假设还有什么？其中之一是：爱是一种情感，一种对某人或某件事的感觉。我们以为爱就像哀伤、愤怒或嫉妒一样，也是一种情绪或情感。我们不但关心自己是否爱对方，同时也关心对方是否爱我们。我们一直都在担忧爱是否能得到回报，或者回报得够不够。我们的爱不但有各式各样的条件，而且通常关心的是如何得到爱而不是如何去爱。

这里有个基本要素就是，我们认为爱是在关系之中发生的。里面有一个你，还有一个他人。这种我给你或你给我的爱，就像一个可以抛来抛去的东西似的。如果你认为爱仅仅是如此，那么爱就跟朝着对方的肚皮发射大炮没什么两样了，而你竟然还抱怨对方不感激你的爱。

你会发现你并不清楚什么是爱，当你对某个人说"我爱你"时，你真正的意思到底是什么？和某人热恋，然后告诉他你有多么爱他，就算是真正的爱吗？在这种感觉之中有些什么成分？认真检视一下，你可能会发现你所谓的："喔，我真是爱你！你实在太好了！"其实是一种需求，你想把对方吃下去，不想让他走开。但这并不意味你心中没有一点爱，而是你所经验到的基本上只是一种需求罢了。

当人们说"我爱你"的时候，他们通常经验到的是自己的需要。一个真正有爱心的人，是很少会想到爱这件事的。他很少会四处去广播他的爱，说他的爱有多深或多广等等。

你对爱有着各式各样的成见、假设和想法，因此即使你感觉到爱，也不一定是爱。从你口中所道出的"爱"，大部分的时候都不是在表达爱，而是在表达另一种东西。如果爱真的存在，它是不言而喻的，你根本不需要说什么。

当爱出现时，"我"就融化了，消失了

人们所谓的"我爱你"，其实只是一种广告或商业用语，就像在贩卖一些东西，把钱放在银行生利息一样。你越是告诉伴侣你爱他，他就越是应该爱你，而你的收获就越多——即使现在得不到，未来也会得到。

我并不是说当你说"我爱你"时，你的心中没有一点爱，而是即使有爱，你所表达的也是另一个东西。你可能会感受到一些爱，可是你的爱会让你产生出一种需求。当那份需求变得十分巨大时，你就会对那个人说"我爱你"。你可能会觉得你的爱非常强大，但其实只是

一股强烈的需求罢了。那可能是一股热切的需要或渴望,在感觉上却是一份强烈的爱。

现在让我们更进一步地了解一下"爱"这个字的意思。爱的定义到底是什么?它是一种什么样的状态,什么样的感觉?它需要什么样的条件?

首先我们要认清的是,你的人格和自我根本不知道如何去爱。所谓的"我爱你"通常只是个谎言,因为会说出"我"这个字的人格是无法去爱的,而且根本不懂得什么是爱。人格就是乏爱的产物,它如何能懂得爱呢?

你通常以为人格就是你,就是你所谓的"我"或"自己"。只要你一说出"我"这个字,爱就变成了谎言,因为"我"是不懂得如何去爱的。就因为你不懂得如何去爱,"我"才会出现。因为丧失了爱,"我"才出现的。"我"的存在就代表爱的丧失、扭曲和阻碍,"我"只知道如何满足自己的需求。

所谓的"我",这个独立存在的身份感,只是我们的一种形象。即使这个自我形象知道什么是爱,也不可能成为爱的源头或是具足爱。事实上,当爱出现时,"我"就被爱融化了。"我"会因此而放松下来,消失不见。

现在我们已经知道"我"或"自我"是不懂得爱的,接下来我们需要了解的则是爱到底是什么。我们通常以为爱就是一种感觉或情感。情感是自我的产物,它总是有特定的对象,也许是人,也许是东西。这个所谓的"我"就是一切感觉的源头。这个"我"能够感受到愤怒、嫉妒、哀伤、好恶、偏爱或论断等等。

因为自我无法去爱,而情绪又来自于自我,所以爱不可能是一种情绪。如果爱不是一种情绪,那么它到底是什么?它是一种思想,还是行动?有人也许会说爱是一种能量,而这股爱的能量是从你的心轮发出来的,就像是一道激光一样进入另一个人的心轮或其他孔道。

想认识爱，就必须先认识自己的存在

若想认识爱，你首先必须认识自己。我所谓的认识自己，指的并不是认识你的自我，我指的是你必须认识你的存在，而不是你的标签、你的姓名、你多年来所累积的自我形象，或是你对自己所抱持的概念。

认识自己，就是去认识那超越感觉和概念的你。真正的你和你过去所发生的历史毫无关系。真正的你也跟你的感觉、思想、你对自己所抱持的意见或是别人对你所抱持的意见无关。如果你想知道什么是爱，必须先认清这件事。

认识自己，指的就是认识你的存在、你的本体。首先你必须知道本体是什么。本体不是一种情绪，你的存在也不是一种想法或概念。本体才是真正的你。有一个问题你必须为自己找到答案，"什么是那埋藏在内心深处的'我'，而这个'我'跟所有的概念或标签都无关？""我"不知道什么是爱，因为我真正的存在并不是"我"。"我"只是代表身份的一个标签罢了。那斯鲁丁（Nasrudin）称之为你的"气球"。

某一天，那斯鲁丁在入睡前和一个朋友聊天。他上床睡觉之前，在自己的大脚趾上绑了一个气球。他的朋友问道："为什么你睡觉前要在大脚趾上绑个气球？"那斯鲁丁的回答是："我每天睡觉前都这么做，这样第二天早上起来时，我才知道这是'我'。"等那斯鲁丁睡着了之后，他的朋友偷偷地把那只气球绑到了自己的脚指头上。第二天早上那斯鲁丁醒来时，发现气球跑到朋友的脚指头上了。他把朋友摇醒之后问道："如果你是我，我又是谁？"这便是"我"，代表身份的一种标签或是那只气球。自我这个部分并不是你真实的存在，它只是个标签罢了。不过拥有这个标签还是很重要的，否则国税局就查不到你，车管局也找不着你了。你必须有身份证和信用卡才能驾驶汽车。

缺少了你的气球、你的标签，事情会变得非常困难。

当我谈到认识自己时，我指的是你必须认识自己内在真正的本质，内在的本性，而这便是我们所谓的本体。一旦发现了本体，你就会认清它即是你宇宙性的存在。它不是一种反应，也不是一种情绪，因为情绪只是一种活动，一种补充和释放的模式罢了。不论你是不是在补充或释放，本体都不受影响。这个可以被经验到的存在才是真正的你。

爱是从我们内在绽放出来的一种东西

你的存在是非常单纯而完美的，它不被任何事物所染着，它最主要的品质就是永远都活在当下。人格则是一种永不停歇的活动，它从一个地方跳到另一个地方，永远都在感觉、思想、渴望和渴求某个东西。本体和它是截然不同的。

某些人已经体验过自己的本体，某些人还没有。若想认识爱，最基本的条件就是要知道自己的本体是什么。如果还没经验过自己的本体，你不可能知道什么是爱，或者你会把爱跟别的东西混淆。即使曾经感受过爱，你也还是无法将它和情绪分开。

即便有人格的介入，也还是可以经验爱或本体，但若是从未尝过本体的滋味，可能就无法分辨真伪了，你会把需求或欲望当成是爱。

我并不像其他人那样，主张有人格就不可能有爱，我认为爱与人格是可以并存的，本体与人格也是可以并存的。但若是不知道什么是本体或人格，你就无法看见爱的纯粹元素。当人们谈恋爱时，通常都会感受到一些爱，至少一开始是如此。那份感觉会把心打开，然后又会落入到情绪、反应、梦想或理念之中，而你却认为这些都是爱。

爱是从我们内在绽放出来的一种东西。一旦认识了我们的本质，发现了我们的本体，就会看见爱也是本体的一部分，也是我们的存在示现出来的一种方式。爱的本身就是一种存在。当你经验到爱的时候，爱就是你这个人的存在，它不是你对另一个人的感觉。爱是你存在的某个面向，一旦示现出来，它就变成了爱。

爱不是一种思想，也不是情绪、幻想、行动或概念。爱有可能把这些东西带出来，但是它比任何反应都要更根本、更深奥。爱跟本体都是非常真实的东西。你无法拥有爱，因为你就是爱。每当你觉得自己充满爱的时候，里面一定有矛盾的成分，因为那其实是自我在说"我有了本体"，是那张信用卡在说"我是某某人"。当我说"我有爱心"的时候，其实就是处在相反的状态，因为你的存在已经被贴上了标签。当爱出现时，你整个人就是它了。爱不是你拥有了某个东西，也不是可以拿出来送给别人的一种东西。爱是超越我、我的身体、我的感觉、我的思维的。它会借由我的身体、我的思想、我的表情以及我的行动而展现出来，不过这所有的东西都只是爱的包装罢了。

爱与"我"是同一个东西，就像手指不会认为自己拥有手指

这份洞见暗示了什么？如果爱就是我们的存在、我们灵魂的精髓，那么只有在某种关系之中才能体认到爱，又意味着什么？这意味着你只有在那个特定的关系里才能做自己。如果你说我只能爱某个特定的人，那就等于在说："只有跟这个人相处，只有在特定的情况之下，我才能做我自己。"这种由人格所设定的条件往往会限制住爱，限制住你，而你竟然还说只有在这些条件之下你才能做自己。

认清爱是一种存在并不是容易的事，也不是可以通过头脑去理解的事。你只能亲自去品尝它、经验它、变成它。只有当你体验到它的时候，才能了解它的特质是什么。你会发现爱不是一种概念或理想。如果你从未尝过椰子的味道，那么即使有人不断地为你解说，你也不会知道椰子的滋味是什么。

亲自品尝过本体的滋味，你自然会认识它。如果没尝过那种滋味，

你不可能明白它是什么。假如有人把本体、存在或爱描述成一种神秘的东西，那就表示他从未尝过个中滋味。它其实跟所有的东西一样平常。

存在意味着知道自己是谁，而不需要参照其他任何东西。你能感觉并且看见你的身体，所以你知道它是存在的，然而本体的存在却不是这么一回事。本体存在并不是因为你能感觉到它或看见它，它比这些觉受都要更贴近我们。对存在的知晓、存在的感觉以及存在本身都是同一个东西。

要想认识一个原子，你必须借由显微镜来观察它的形状和色彩。若想以认识本体的方式来认识一个原子，你就必须变成那个原子，然后才能体认那个原子的感觉是什么。光是看着那个原子是无法认识它的。

爱跟"我"是同一个东西，因此并没有一个能够拥有爱的"我"。我并不是说它们是交织在一起的，它们其实是同一个东西。就像手指不会认为自己拥有手指一样。手指是一个独立的存在，因此它只会说"我是"。

与万物融成一体，你就是你自己的养分

爱有好几个面向。当你初尝爱的滋味时，你会感觉它是一种甜美的东西，一种轻盈、柔软而又甜美的滋味。这是对爱的一种最单纯和最直接的体认。那种感觉就像是松软而甜蜜的棉花糖一样融化在你的口里。一旦有了这一层的体会，自我的执著——渴求、需求和偏好就会随之而生，这意味着过去的制约开始影响到你的爱。

男人通常不允许自己去感受这一类的爱，因为这种感觉太柔软、太阴性了，他们可能会说："我不想有这种松松软软的感觉，这样太不像男人了。"这便是我们的文化为爱所带来的限制，好像只有女人

才可以有这种感觉似的。当然,这种感觉是不限于男人或女人的。

另外还有一种爱,我们称之为**融合之爱**。它跟人我界限的消失有关,你会经验到你跟环境之间的一种合一感。你的界限好像突然融化了,周围不再有任何屏障。你的感觉会细腻到完全没有任何界分感,这种经验会带来一种满足,一种深层的放松。感觉上你就是你自己的养分,你和那养分是同一个东西。当人们渴望跟另一个人接近时,就会生起这种爱。梦想两个人可以永远在一起:永不分离、合为一体,便是一种对这份爱的渴望和期待。

界限全部消失,是爱情关系里最难体会的经验

你们都已经观察到,一旦经验了本体的某些面向,就会带出跟这些面向有关的人格议题。譬如爱这个面向会让各种的问题冒出来。融合之爱会让我们意识到紧密与分离之类的问题。体验到那股松软的融合之爱,你就会开始担忧你的爱是否会遭到排斥或者被接纳。

但若是对本体有了认识,则会允许自己去经验与某人的融合之爱,你不再觉得必须在他和你之间竖起一道藩篱。如果能感觉到自己的存在以及对方的存在,你就会让这两种存在合而为一。人我之间的界分问题一旦消失,就不再有合一的问题了。融合之爱会创造出没有阻隔的状态,那时你跟任何人、任何事物,甚至跟你的身体、你的环境、你的车或整个宇宙都没有隔阂了。你觉得你就是一切事物的一部分,你和它们融成了一体。你的心就像奶油一样整个融化了,也完全敞开了。

这是很深的一个面向,也是你对自己比较深层的一种体悟。你开始真的认识到自己,而不再需要参照你的身体、你的感觉。当你往远方看的时候,你不觉得自己是在看着远方,因为你就是那远方。当你仰望天际看着漂浮的云朵时,你不觉得自己是在看着那些云朵,你和

云之间是没有距离的，因为你就是那些云。你是无所不在的。你的界限全都消失了，甚至连界限这样的想法也不见了。在爱情关系之中这是最难体会的一种经验，虽然每个人都说这就是他们最渴望的东西。

在爱情关系里，大部分的冲突都跟融合之爱有关，"我到底能跟你多接近？我既不想太接近你，也不想离你太远。"接近和保持距离的议题通常会障碍住融合之爱。可是当你即是你的存在时，就没有什么远近的问题了。你根本不需要为你的空间竖立起任何边界，因为你并没有一个特定的空间。你的边界一直在融解，就像是奶油一般，对方的热情一靠近，它立刻就融解了。

圆满热情的"狮子心之爱"

首先我们有甜美而松软的爱，接着又发现了融合及满足之爱，然后又会出现第三种类型的爱：热情的、有力的、强烈的、充满着狂喜的爱。你觉得自己好像被狂风扫过一般，所有的念头全都不见了。你觉得自己强而有力，精力充沛、热情而又兴致勃勃。你整个人就像着了火一般，而这熊熊的火焰便是爱。你觉得你充满着至乐与热情，而且欲望、渴求、给予及接收之间已经不再有任何差别。

一切的东西都变成了那股热情，我称之为**狂喜之爱**。这股爱不再有特定对象，它就是你这个人。这才是真正的热情，而不再是一种虚假的情绪了。如果你仍然有热切的渴望和强烈的欲求，就代表你的热情还是从自我出发的。真正的狂喜之爱是一种强烈的生命力。你只是看着生命的存在，而不再想从它那里得到什么。你只是充满热情地去欣赏它、爱它，因为生命和存在都是那么美好。美就是那股热情的一部分，能够激起那股热情的也是美——存在的那股细腻而又明透的美感。每一个人、每一样东西、每一件事情都是美好的。你就是万事万物，你就是本体示现出来的美。越是能看见美，你的热情就越强烈。你热爱生命，渴望去爱生命，你对它的感觉实在太强烈了，我称之为**狮子心之爱**。你的心充满着勇气和力量，你不再怀疑："这个人会不会喜欢我？"你没有任何担忧。你的心是那么圆满，里面没有空间可以容纳怀疑或恐惧。你彻底而完整地接纳了所有的生命。

爱的所有面向都有一种甜美的品质，不过第三种的爱是比较具有异国风味的，就像石榴一样带着一点酸味。你觉得自己充满着力量和权力，这种爱是强有力的，你的心强烈地与生命一起脉动。这份爱之中有一股肉欲的成分，但并不是一种渴欲，而是对生命的激赏和向往。你觉得自己是完全投入于生活的，就像身上的每一个原子都毫无保留地投入到生活里似的。每样东西都可口极了！你恨不得把整个生命都吃进去，也恨不得把自己和别人都吃进去。每样东西都被你吃了进去，因为活着的滋味实在太好了。

当然，人格对这样的事是有意见的。这种类型的爱所带出的人格议题跟恋母情结有关，那是你在孩童时期的一种感觉。女性在孩童时期最渴望的人就是自己的父亲，男性最渴望的则是自己的母亲。你强烈地渴望他们的身体和灵魂。在你的眼里，他们的躯体是这世界上最美、最可口、最肉感的身体。你的无意识携带了这种可口的感觉，因此你一直在等待对的身体出现，那时你就可以重新经验那股强烈的热情。

你热切地爱上自己的一些品质，却以为是身外之物

我曾经说过爱就是我们存在的本身，不是一种反应或是可以送给别人的东西。你或许会以为除非碰到了对的身体，否则不会有热情的感觉，可是所谓对的身体永远也不会出现。当你真的体验到这份热情时，你会发现你看见的并不是另一个人的身体，而是你自己的存在的圆满及富足。你热切地爱上了自己的这些品质，却以为那是身外之物。

从本质上来看，你所渴望的那个身体，那个深埋在早期记忆中的身体，就是你自己。你就是那可口而又肉感的存有，一旦认清了这一点，你就会被自己的热情吞没，你会完全爱上自己的热情。有了这层体悟，你自然会热情地对待每一个人和每一样事物。这时你的爱就不再有特定对象，也不再需要符合任何条件了。它是不受约束，也没有任何限制的。

我们早先对爱所抱持的各种观念都是一些障碍。如果把这份狂喜之爱导向一个能引起你肉欲的身体，就是在局限自己：你还抱持着小时候对父母的一种感觉。其实那股肉欲只是我们自己的反射罢了，它也是我们本体的一个面向。

这三种本体之爱都跟心轮有关，心轮所显现出来的能量都有爱的成分。慈悲、友爱、温柔、接纳、允许、良善、迎接的态度以及温暖，这些都是爱，但是跟我刚才所谈到的三种爱是不同的。

爱也可能示现成喜悦，这也是一种甜美的感觉。喜悦是非常轻松、快乐而又有玩兴的。另外，爱也可能示现成一种圆满感。如果你觉得自己的心充满着甘露，如果你觉得自己的存在不但是爱，也是圆满本身，如果你在自己身上体验到一种像甘露一般浓稠而甜美的滋味，那么你本身就是存在的甘露了。你等于是在畅饮自己。

圆满感本是爱的一个面向。你并不是经验到了一种圆满感，你就是那圆满本身，一种深刻的满足感。此外，当你经验到本体所示现出来的感恩时，也不是在对任何东西感恩，因为你就是那感恩本身。

松软之爱有一种轻松感，它通常有一个喜爱的人或事物；融合之爱则是愿意跟另一个人分享或给予爱；狂喜之爱往往有一种愿意全心全意投入世界的感觉。其他种类的爱，譬如圆满、满足和感恩，则跟关系或另一个人没有任何牵扯。

在过去的传统里，老师们通常把本体所有的面向都称为爱。他们会告诉你，一旦认识了自己，你就会明白你便是爱。如果认清本体的每一个面向都具有爱的品质,我们就会理解我们将要讨论的是另一种爱。

宇宙之爱能融解掉身份认同和自我中心的倾向

爱的所有面向都可以跟人格共存,人格的身份可以被保留下来,除了爱的另一个面向出现时。这个面向的爱就是宇宙之爱、基督之爱或是神圣之爱。当我们的存在示现成宇宙之爱时,人格就消失了。这便是一般的灵修导师所指的爱,他们会告诉你只要自我一出现,爱就不见了。他们所指的便是这种**宇宙之爱**。

"宇宙"这个词意味着它不属于你,它没有个人性。当你感觉到宇宙之爱时,并没有一个我的存在。你必须有宇宙之爱,才能融解掉身份认同和自我中心的倾向。当你体验到宇宙之爱和基督之爱时,你才会了解什么才是真正的爱。其他几种品质的爱都可以被视为一种成就,因为人格会将它们据为己有。

最后你会发现,阻碍住爱的并不是好恶、是否能融入、是否有热情之类的问题,而是自我的存在。你会发现真正的问题是"你","你"才是阻碍所在。认清了这一点,就等于了解了基督之爱,那是一种没有对象、源源不绝而又富足的宇宙之爱。它的滋味仍然是甜美的,但是要更开阔一些。

我所谓的人格或身份认同到底是什么意思?若想了解障碍是什么,你必须全心全意地渴望活出这份爱。你必须甘愿放下一切事物,包括你的概念、信念、成就、自我形象、你所有的渴求及梦想,这样你才能认识这最开阔的爱。从这个角度来看,亲密关系的议题根本不存在,因为没有一个你,也没有一个我。

大部分的人对于宇宙之爱的反应,都会超过其他种类的爱。因为里面既没有一个你也没有一个我,所以跟爱有关的议题都不会出现。

人们在这种爱之中会有较多的信赖感以及较少的恐惧。

跟这个面向的爱有关的议题便是恐惧。恐惧会让你认为有一个你是需要被保护的，有一个你是需要被强化的。处在宇宙之爱的经验里，并没有一个东西是需要被保护的，也没有一个东西可以被累积。内在和外在之间没有任何藩篱。那份爱就像是大海一般，而你就是它的一部分，是其中的一个小水滴。

所谓的"必须去除人格或自我认同才能经验到宇宙之爱"，意思并不是去排斥你的人格。如果你排斥你的人格，那份排斥一定会制造出界分感，然后爱就消失了。宇宙之爱是接纳一切事物的，包括人格在内。它不会把人格看成是一种障碍，而只是把人格看成是存在的一部分。从宇宙之爱的角度来看，人格就像是在大海中穿梭的一条鱼。如果这条鱼觉得自己很伟大，而且比别的鱼重要，那么宇宙之爱就会说："它喜欢那种重要的感觉也无妨，这又能带来什么改变呢？"

心智不了解什么是没有界限的状态。你一向都认为自己和别人是不同的，是有别于其他东西的，你不知道自己是否有可能在没有孤立感的情况之下仍然存在。但如果从本体的角度来经验自己，你就会发现本体没有这种界限感，它不是孤立的，感觉上也没有止境，但这并不意味你就不见了，你仍然是你。

允许自己不设限，意味着你必须接纳自己的寂然独立。在我们对实相所下的假设里，最核心的想法就是，寂然独立暗示着一种界分感。但寂然独立并不是活在一种界分的状态里，它其实意味着没有任何界限。这怎么可能呢？听起来根本是一种自相悖驳的观念。

寂然独立意味着你的人格不见了，本体却出现了，那是一种没有任何标签的存在状态。当标签脱落之后，气球就开始往天空飘，这时你却说："等一等，我不想这么孤独。请把我的气球找回来。最好是找个更大的气球给我！"人格或气球会带给你一些特殊的感觉——我们从父母身上曾经得到过的那种感觉。

只要我们还拥有人格，我们就会以为父母还在我们身边，我们从不知道寂然独立是什么滋味。只要你的人格还健在，你的父母就仍然在你身边，事情就是这么简单。你人格的任何一部分如果还健在，都会使你想起父母，以及过往的历史和其他人。

彻底做你自己就是一种寂然独立的境界

只要你的心智仍然活跃，仍然充满着念头、回忆、概念或成见，你就不能称得上是寂然独立的。你所有的思想和记忆都是从别人那里撷取的，只有一个东西无法从别人身上得到，那就是对当下所发生的事的了知。寂然独立意味着没有任何想法和成见，完全安住于当下这一刻，你的心不跟过去或任何人、事、物扯上关系。存在的只有你一个人。

彻底做自己就是一种寂然独立的境界。当你体验到这种境界时，它会带给你非常深的哀伤，因为你必须跟所爱的一切说再见了——不只是父母，还包括你的伴侣、你的猫、你的感觉以及你所有的概念。

放下这一切，感觉上就像是一种巨大的损失，甚至像一种死亡。我指的并不是你死了，而是其他人都死了。当你体验到自我的死亡时，你并不觉得你快要死了，你的感觉是其他人都死了。你觉得你是完全孤独的，其他人都不见了。

你已经丧失了从过往的经验所建构出的界限，然而这界限从未存在过，那只是一种信念罢了。当你真的体悟到实相时，你是没有任何界限或界分感的，也没有所谓的内外之分。这些都是你很小的时候所学来的观念，目的只是为了保护自己。当你六个月大的时候，你一感觉不舒服或是产生了某些负面感受，就会把那份感受推到外面去，以免干扰到自己，这便是界分感的源起。

如果你的心念活动完全停止，既没有任何概念也没有任何反应，那么你就能安住在当下，而不再感觉自己和别的东西是分开的。生命一开始的时候并没有一个"我"的存在，存在的只有那份合一感。

你过往的经验造成了你和当下的界分，这种界分感就像蛋壳一样把你包在里面，使你无法体验到当下。放掉这层疆界，意味着对寂寥的接纳。寂寥一旦被接纳，界限就消失了。那时你就察觉不到任何界限了，这便是焕然一新的重生经验。

那时你会发现你进入了一个波涛汹涌的大海。你只是其中的一个小水滴，而这个小水滴是没有任何界限的。那是一种意识的浓缩状态，而那意识跟其他的意识是没有任何界分的。所有的存在都是一种识能，这识能便是爱。只要有任何界限，你就看不到这份爱了，因为界限会制造出矛盾，而其中是不可能有爱的。

当界限消失的那一刻，你的父母、你的男友、你的猫以及你所有的概念也跟着消失了。那时你会觉得自己快要死了，可是你非但没有死，反而发现了爱，一种无边无界的爱。不但你本身就是爱，而且万事万物皆是爱。

每个人都是同一大海中的波浪，彼此相通

除了界限之外，还有另一个人格的面向必须消失，才能体验到宇宙之爱。这个面向就是自我认同感，一种内在的感觉、内在的品质或是内在的滋味。只有借着这些感觉你才能认出自己。

首先我们有界限感，然后又有一种身份感。当你说"我自己"的时候，你立刻会认出自己来。你具有一种特定的感觉、特定的滋味、特定的品质。你认为那身份感，那气球里的氮气、氧气或氮气就是你。

但如果你是它的话，你就不可能是其他东西了。你不可能是本体，

也不可能是任何一种形式的爱了。只要你还认为自我便是你,你就不可能是真正的意志力或是本体的任何一个面向。

你会一直感受到自己的身份,你必须借由它来认出自己。一旦识出自我是什么味道,识出信念制造出了你,你就有可能释放掉它们,那时你就不再有任何特殊性了。只要你还执著于自我或自我的身份,一定不会允许那真的东西出现。

边界、屏障或是界分感,都是由过去的经验所组合成的。这些过去的经验形成了金字塔的基底,而自我的身份则是金字塔的尖端。如果看见它的底端是由你的概念所形成的,尖端很快会消失。

身份感或界分感一旦消失,便可能体验到宇宙之爱,并且了解上帝即是爱,实相也是爱。宇宙之爱乃是整个宇宙的基本能量,它一直都存在着,如果有人说他渴望爱,那就像是大海中的鱼说它口渴一样。眼前这一刻你就在爱的海洋里畅游,你就是它的一部分,它一直都在这里。

爱是源源不绝的,它永远在那里滋养着每一个人,缺少了它,任何东西都不存在了。只要你还相信自我和界限是存在的,就无法觉知到这份爱。所以我们才会说,宇宙之爱是无法与自我并存的。请问你的宇宙性身份是什么?它就是宇宙之爱,一种"我即是爱"的感觉。

宇宙之爱一旦出现,本体其他的面向又会怎么样呢?那种松软之爱、融合之爱、狂喜之爱、圆满感和感恩的状态,又会怎么样呢?宇宙之爱和这些心境有什么关联?

宇宙之爱既是一种爱,也是一种知觉,所以人们有时也称它为宇宙意识。宇宙之爱正是本体所有面向的统合,当你体认到宇宙之爱时,你自然会了解爱的行动是什么。如果一个行动之中包含了本体所有的面向,那就是一种爱的展现。情况需要你温柔,你自然会展现出温柔的举止。情况需要你笃定,你自然会展现出笃定的态度。情况需要你悲悯，你自然会展现出悲悯的行动。情况需要你臣服，你自然会示现出臣服的态度。眼前的情况需要什么，你就会以正确的方式将它示现出来。

这意味着如果想从宇宙之爱的角度来运作，那么本体的每一个面向都必须畅然无阻地展现出来。

爱的行动就是去揭露万物之间的联结性

我们现在已经了解爱的行动是平衡的，爱的展现也是平衡的。情况需要什么，你就展现什么。宇宙之爱是强有力、和谐及平衡的。宇宙之爱的神秘就在于，宇宙的良善本质其实就是存在所示现出的和谐之光。此外，本体所有的面向都可以变成一个和谐的整体，这也是它的神秘之处。

宇宙之爱即是和谐整体的一种展现。每一个面向都跟其他所有的面向调和一致，没有一个面向是被排除在外的。你的意志跟慈悲是和谐一致的，你的慈悲跟喜悦是和谐一致的，你的愤怒跟身体也是和谐一致的，你的身体又跟自我是和谐一致的，你的自我跟其他所有的人都能和谐共处。你的存在没有任何冲突，每一个部分都调和成一个和谐的整体在运作。

这个整体才是真正的你。你并不是人格或本体的任何一个面向。你就是这个整体，包括空寂在内，而你所经验的每一件事都是完全和谐的。当这个状态发生时，你会有一种跟自己完全贴近的感觉。你觉得你就是你，而且不再需要把任何东西排除在外。你的心里没有任何排斥感，你觉得你不但是一个人，也是一种宇宙性的临在。你的个人性和宇宙性是完全和谐共存的。

当你的整个有机体在每个层面都达到和谐时，冲突就不见了。这光华四射的和谐状态便是爱。你变成了爱的管道，爱的示现。你觉得你跟所有的事物都是一体的，而且能够彻底地做自己。

你确实可能彻底地做自己而又同时跟万物合为一体，这便是爱的行动。爱的行动就是去联合，去揭露出万物之间的联结性。一个有爱心的人不会刻意去爱任何人，因为他本身就是爱。这份爱如同玫瑰所释出的香气一样源源不绝。这份爱不是你的，而是每一个人的爱所互动出来的总和。

第十章 爱

第十一章 朋友与爱人

  如果你既是朋友又是爱人，你的自我就会消失——你变成了一首歌。那首歌是这么的得体，这么的细致，因为它同时具备了客观和甜美的品质。我指的并不是一种失神状态，而是头脑与心合一了。其中有一种绝对的清明度，而这清明度是非常甜美的！

学生：你愿不愿意谈一谈什么是友谊，友谊的定义是什么？

阿玛斯：这是一个很好的问题，我们确实该谈一谈。友谊到底是什么，什么才算是朋友？

我们一般都认为所谓的朋友就是会花时间与我们聊天谈八卦的人。朋友时常会聚在一起闲聊，或是谈自己的人生。当你想要闲聊时，你通常会去找朋友。

另外一个常见的观点则是，所谓的朋友就是大部分的时候都会赞同你，而且应该在你感觉很糟的时候，让你觉得好过一些，朋友应该能帮你补上你的洞。当你觉得自己很糟糕的时候，朋友会振奋你的士气，让你看到自己好的一面。

朋友有时也被视为能帮你度过艰困时期的人。如果你被女朋友赶了出来，朋友会提供你一个住的地方。如果你破产了，朋友会把他的钱和他的汽车借给你用。当你有需要的时候，朋友往往会帮助你和支持你。

但朋友最主要的作用是不让你感觉孤独。大部分的时候，人们一感觉孤独就会去找朋友。只要有朋友在身边，你就会跟他聊天，一起做些事，四处逛逛。我们时常说，你并不寂寞，至少你还有一个朋友。

我们与朋友的关系类似长子与父亲

朋友和亲密伴侣是不一样的。你可以把许多事都告诉朋友，可是却无法跟亲密伴侣谈这些事,我们尤其喜欢跟朋友谈论自己的丈夫和妻子。我们可以对朋友透露一些私密的感想,对爱人却不能。如果你把每件事都告诉你的爱人,你的爱人可能会光火,甚至好几周都不肯和你做爱。跟朋友抱怨或探究心理问题,朋友会支持你,然后你又焕然一新地继续面对你的伴侣。你的朋友也生活在你和伴侣之间,提供一些比较客观而平衡的看法。

这就是人们对朋友所抱持的想法——虽然朋友跟你的关系并不像你和你的爱人那么亲密,但是他却能让你看到自己的某些部分,因为他的立场比较客观,他没有搅进你的情况里。

人们信赖朋友大过于信赖自己的亲密伴侣。你和朋友相处时不像你跟亲密伴侣相处时那么脆弱。这是一种截然不同的关系,当然也有些人会认为朋友并不是那么可靠。

学生:我对朋友没有那么多的期待,如果我打电话约朋友去看电影,而他们告诉我他们没办法去,我并不会觉得不对劲。但如果我的爱人跟我说她不能和我去看电影,我却会心情大坏,"怎么回事,你为什么不想跟我去看电影?"

阿玛斯:没错,我们对爱人的期望总是多一些。很多人都把朋友看成是额外的人,一个在你有需要的时候可以求援的人。对大部分人而言,他们最主要的关系还是他们的性伴侣,朋友通常是次要的。

我们通常会以平等的角度来看待朋友——平等而各自独立的一种关系。我们跟朋友的交流是比较平等的。在亲密关系里,我们的掌控性比较高,冲突也比较大。

朋友和亲密伴侣最大的不同,就在于朋友与我们在身体上的接触比较少。身体的接触是我们跟亲密伴侣之间非常重要的一部分,这也是它和友情最大的不同之处。你一旦跟某个朋友发生了性关系,这个朋友就不再是朋友了。那种跟亲密伴侣的合一感是通过肉体接触而产生的，我们跟朋友不会有这种合一感，就是因为没有肉体上的接触。

因此，亲密关系非常类似于婴儿和母亲的关系，而我们跟朋友之间的关系则比较类似长子与父亲的关系，因为身体上的接触比较少。对男孩而言，他的朋友通常是父亲；对女孩而言，她的朋友通常是母亲。我们对肉体接触的欲望往往聚焦于父母之中与我们性别相反的那一方，因此，我们的朋友多半是与我们有相同性别的人。相反性别的人之间对肉体接触的渴望比较强烈，而且肉体接触一旦产生，友谊就变质了。

真正的朋友会帮你揭露问题

让我们来探索一下什么才是真正的朋友。让我们先假设朋友的所有特质都是"真朋友"的一种反射或模仿，人们所认为的朋友，大部分的时候都只是真朋友的仿效者。

一开始我们就说过，朋友是一个你可以闲聊八卦的对象，但什么是闲聊？那不就是一种沟通方式吗？跟某人谈话可以帮助你认识自己，真正的朋友可以帮助你觉察你的生活，闲聊就是在模仿真实的沟通。

真实的沟通所关注的是真相和理解。在这样的对谈之中，你会更能觉察到自己，并且能发展出一份新的理解，而那份理解会释放你心中的紧张感并开拓你的心胸。

你跟朋友闲聊的时候，你所关心的通常都不是真相和理解。刚好相反！你只想通过闲聊来分散注意力。你既不去面对真相，也不想产生对真相的理解，而只是试图不去感觉自己的真相。

但这一切又有什么意义呢？人们为什么要跟朋友聚在一起，以便逃避自己呢？他们为什么要分散注意力？因为他们不想经验痛苦，他们不想体验内心的冲突。他们不想体验内心的恐惧、不安全感或是任何一种不愉悦的感觉。

朋友之间的闲聊只是一种模仿行为，而真正的朋友却会帮助你面对你的痛苦、冲突或恐惧，使你对这些问题更有承担力。真正的朋友会帮你揭露问题，这样你才能理解和释放它们，而不是将它们掩盖起来。

真正的交流有时会发生在朋友之间，一个人是不是你的好朋友或真正的朋友，就取决于有没有这份真实的交流了。

真正的朋友可以与你自在地分享孤独

我们还谈过什么其他有关友谊的事吗？

学生：我们曾经谈过，朋友是可以与我们一起消磨时间的人。

阿玛斯：没错，那是一个与孤独有关的议题。你和朋友在一起杀时间，这样你就不感觉孤独了。这是朋友很重要的作用之一。因此，朋友就是可以帮你解除寂寞的人——以逃避孤独的方式来解除寂寞，所以朋友的作用也是在填补某些坑洞。

但真正的朋友是不会帮你逃避孤独的，他会让你面对孤独。真正的朋友会让你更容易独处，他会帮助你去感觉和接纳孤独。事实上，真正的朋友可以与你自在地共享孤独。从某个角度来看，他比亲密关系更能帮你做到这一点。

由于那份合一的需求，所以我们很难与亲密伴侣分享孤独，因此，真正的朋友就是既能和你做伴，又能与你快乐地分享孤独的人。

我所谓的孤独并不是指肉体上的孤立。如果要我替"朋友"下个定义，我会说朋友就是可以跟我分享孤独的人。对我而言，检视一个朋友最真实的方式就是，我可以跟这个人在一起而同时能分享孤独。

真正的朋友不会干扰你,也不会强加他的意见在你身上或是给你建议。真正的朋友不会告诉你什么是对或错。真正的朋友不但不会干扰你,而且会主动地支持你做你自己,帮助你独自面对自己。

让一个人独自面对自己,意味着不去操纵他,不去掌控他,不去改变他,也不去左右他的反应。这样的朋友跟你在一起的时候,就好像是空寂本身,而空寂从某个角度来看就是一种接纳。这并不意味他会鼓励你耽溺于自我憎恨。如果你的朋友会助长你的自我耽溺、自我憎恨以及爱说闲话等等的习惯,他们就不是在帮你独处,他们是在助长你不独处的习惯,他们是在助长你的虚妄。如果你跟朋友聊起闲话来,他若是真朋友的话,一定会告诉你他并不想谈八卦。

好朋友会协助你看清整个真相

我们现在是在借由一般人对友谊的观点,来探索真朋友的本质是什么。我们总认为朋友就是能够给我们建议、肯定和支持的人,然而什么是建议?建议的目的是什么?当我们给别人建议的时候,我们是在做什么?

学生:帮助他们认清某些事。

阿玛斯:其实给建议并不是在帮助一个人认清事实。建议指的是去告诉一个人该怎么做对他最好。"你最好不要跟太太吵架。我每次跟太太吵架之后情况都会变得很糟,所以你最好不要回嘴。"这就是一种建议,对不对?所以建议就是去告诉一个人该怎么做,以及什么样的行为能够为他的生命带来利益。

给别人建议其实是在模仿真朋友的作用。真朋友不会给你建议,因为建议无法帮你解决任何事,也不会为你带来洞见或理解。真朋友会帮你洞察到事情的真相,这样你自然会知道什么才是最妥当的行动。因此,真朋友会协助你理解内心的真相,这样你就会对自己的情况有所了解，对自己的行为产生真正的认识。一旦有了真正的理解，你自然会知道该怎么做才对。

真朋友不会把自己的经验和意见加诸在你身上，他会帮你找到你自己的解决办法。别人的意见对你目前的状况也许并不适用。也许不跟太太吵架确实是个很好的建议，但并不是所有的太太都是一样的。有的女人你如果跟她吵架，效果可能会更好一些，重点在于整个情况的真相到底是什么。譬如你们结婚几年了？你们是新婚，还是已经结婚三年或七年了？你的太太是什么样的人？这所有的事都必须纳入考量。真朋友不会帮你去操控另一个人，他会协助你看到整个情况的真相。

真朋友不会用他的意见来压迫你，他有时也可能会推你一把，不过那是为了让你能了解某些事。真朋友也可能对你发怒，如果你所做的事已经伤害到自己或是太不诚实了。真朋友会在你的行为危害到健康的时候，勃然大怒地呵斥你。真朋友会在你快乐的时候，也跟着感觉到开心。如果你做了某些对自己有益的事，或某件美好的事在你身上发生了，那时真朋友一定会为你庆贺，为你感到开心。

同样地，当你受伤或面对困境时，好朋友一定会陪伴你——不是让你不去感觉伤痛，而是协助你面对痛苦，发展出承担力。真正的好朋友是深富慈悲心的，他的慈悲是一种带着治疗作用的接纳，而这份接纳往往能帮助你接纳自己的伤痛，从其中得到学习和成长。从这份成长之中又会产生更大的喜悦和欢庆。

你的朋友会如实地守护你

真朋友会在你需要的时候，愿意腾出时间来协助你。他会不求回报地给予你慈悲、喜悦、爱、接纳、真相和支持。你的好朋友爱你并不是因为你投合他的心意，而是因为你够真实，你能够真实地面对自己。

每当你碰触到内心的真相时，你的好友都会为你感到开心。如果你受伤了，你的好友会以慈悲或友爱的态度对待你。如果你因为受伤而愤怒，你的好友会更加同情你。好朋友对你不会有任何意见或偏见，他只是如实地看着你。因此，这样的朋友是完全客观的，他对你没有任何情绪性的成见。这样的朋友能够看到你每个当下的真相。他因为宽宏大量，所以你有足够的空间做你自己。

这就是为什么人们那么喜欢朋友的原因：因为你在朋友面前可以完全做自己。你不需要假装或是戴假面具，这才是朋友真正的作用。

真正的朋友是完全愿意协助你的。但什么是协助？所谓的协助就是让你更能做自己，因为你越是能够做自己，就会越快乐，越有能力爱自己。

如果你的朋友帮助你看到了自己的真相，而你却无法采取正确的行动，你的朋友甚至会更同情你，因为他会知道你为什么无法遵循那份洞见，他会看到你所无法看见的创伤，他会看见你心中所隐藏的恐惧。他对你的感觉没有任何批判，他不认为心灵受创是一件可耻的事，或是感觉害怕是不好的事。当他发现你受伤或害怕时，他会满怀慈悲及友爱地对待你。你越是排斥自己，你的朋友对待你就越仁慈。即使你抗拒他，他仍然仁慈地对待你。你抗拒他是因为你想保护自己免于受伤、免于恐惧，这种情况会令你的朋友禁不住要对你更温柔一些。

好朋友是一个你完全可以信赖的人，可是你为什么会信赖这个朋友？因为他对你没有任何成见、批判或论断。你的朋友只是如实地看着你所有的优点和缺点，不论你怎么样，他都爱护你。

友谊和理解、真相以及发现真相的喜悦攸关

如果坚决的态度是必要的，你的好友就会采取坚决的态度；如果

爱是必要的，他就会展现出爱；如果理解是必要的，他就会试着去了解。他会协助你去发现你自己的力量、洞见、支持、仁慈与爱。那是你本来就具足的一些品质。真正的朋友是能够让你开怀地展现出真相的人。如果你的表现很虚妄，你的朋友会直截了当地点出你的虚妄，但是他既不表示赞同，也不表示反对。友情跟赞同或反对都无关，友情只跟理解、真相以及发现真相的喜悦攸关。

学生：听起来，真朋友应该就是我们的老师吗？

阿玛斯：你的说法刚好颠倒，老师就是真正的朋友。你需要的是一个真正的朋友而不是老师。一般所谓的老师总是高高在上地坐在那里，然后指点你事情该怎么做。然而这并不是真正的老师或真正的朋友应该做的事。真朋友不会告诉你事情该怎么做，他会引导你，让你自己去发现事情该怎么办。这才是真正的老师会去做的事。

我们现在探讨的是朋友和老师之间的关系。从最根本的角度来看，老师就是朋友。友情比师生关系更彻底一些。

你也可以是自己最好的朋友，自己最好的老师。你最好的朋友就在你的内心，你最亲密的朋友永远伴随着你。我们所谓的朋友只是我们内心某一部分的外在代表，我们想从朋友身上得到的东西，它都能提供给我们。

拥有外在的朋友是很美好的事，你的朋友就是你内心之友的代表，他能提醒你并且反映出你的那个部分。如果你想成为别人的朋友，就必须拿出那个部分和别人相处。

假如你真的够朋友的话，你会在别人需要友爱时以友爱来对待他，也会在别人快乐时衷心为他祝福。在为真理服务的前提之下，你永远都心甘情愿地提供支持、爱和洞见。你永远都支持你的朋友去做他们自己。你对所有的情况都保持客观，你不会按照自己的信念、意见或情绪反应去对待你的朋友，你能彻底清明而客观地看着眼前的真相，而且能妥当地回应对方。

如果够朋友的话,你就会让对方独自面对自己。你不会去干扰他,也不会去批判他,你不会做任何事。只有当他需要你的时候,你才会出现,如果他不需要你,你是没有必要出现的。而且你根本不会觉得被排拒,你完全不会有受伤的感觉,这些感觉都跟友情无关。

亲密关系最需要的就是友情

真正的朋友就像是明镜一般让你看见自己的真相。这面镜子一直在变换颜色。当你受伤时,它会变成象征慈悲的绿色;当你快乐的时候,它会变成象征喜悦的鲜黄色。真正的朋友是非常轻松的,他绝不是一个难以讨好的人。真正的朋友永远都在等待你的邀约,但不是为了他自己的欲望,而是只要你邀约他,他就会出现。即使你的行为愚蠢至极,他也不会主动干预你。只有当你邀约他的时候,他才会出现。他是温柔而不好管闲事的,他不要求你的赞美和回报。

学生:你可不可以谈一谈执著如何影响了友情?

阿玛斯:如果你有执著,就无法成为一个彻头彻尾的朋友。执著会使你无法保持客观,无法看见别人的需要,也无法看见真相是什么。执著只会使你充满着偏见。这就是为什么亲密关系很难变成朋友的原因。客观性是无法存在于卧房里的。当你进入卧房时,客观性已经被你遗留在门外了。

学生:亲密关系所扮演的角色是什么?

阿玛斯:首先我们要知道的是,亲密关系最需要的就是友情。如果亲密关系之中缺乏友情,日子久了它就会变得很艰难,甚至一团糟。

亲密关系本是一种爱的关系。亲密伴侣就是我们的爱人,那个跟你做爱的人理当是你所爱的人,这种关系和友谊是截然不同的。存在于卧房中的爱，跟一起去游泳的两个人之间的爱是截然不同的，因为快乐的程度不同，涉入的程度也不同。爱人之间的分享和互动比朋友要多得多。

朋友就像是一面镜子、一位向导和支持你的人，而爱人则是你所喜欢的人。当你跟爱人在一起的时候，你所经验到的自己比较属于情感面向。当你跟朋友在一起的时候，你会比较客观、轻松和得体。

如果你是一个真正的爱人，那么上述这些品质都会借由你的爱而呈现出来。在客观、慷慨和接纳的胸怀之中，会出现另一个可能性。你可能会因此而失去自己，失去你的头脑活动，变成纯然的爱、纯然的情感、纯然的甜美，就像一首歌一样。

从客观性、慷慨和开放的心胸会创造出一个空间——你的另外一个部分，这个和亲密攸关的部分十分需要空间，而富有空间的亲密性就是爱。处在亲密的爱之中你才能丢掉自己。

丢掉自己并不意味着要你放弃、牺牲自己，而是你整个人都融化了。跟朋友在一起的时候你不可能融化掉，你会充满着喜悦。但是跟爱人在一起的时候，你会融化掉，你会化成甜美的甘露。你会变成那空寂、客观性和慷慨的心胸之中的一首歌。

爱人之间存在着满足、至乐感、狂喜和热情

跟爱人相处与客观性无关，也跟看见、发现或理解真相无关。跟爱人相处会让你变得良善，因为你即是爱、即是真相、即是生命本身。因此，跟爱人相处与存在这件事有关。

爱人就是你的一部分，如同朋友是你的一部分一样。为什么是如此呢？因为爱人就是你快乐的源头，爱人就是令你感到欢愉的那个部分。爱人就是你最真实的那个部分，而它已经失去了自己，所以不是客观的。它已经失去了那个会评断和反应的部分，那个部分已经融化，

消失不见了。

跟爱人在一起的时候,你不想谈论什么,只想和他一起消失不见。你不想沟通,只想彻底消失掉。这件事跟交谈无关,因为你们已经合一了,在爱的次元里是没有界分的。这就是为什么执著之爱是虚假的,它只是在模仿和替代真正的爱。

在真正的爱之中,所有的窗户都打开了——其中没有任何想要保护自己的企图,也没有任何保留。你甚至不会去思考是否能全神贯注的问题,因为你已经全神贯注到消失了自我。你的门户大开,其中已经没有自他之分,你们结成了一体,在这一体性之中只有甜美、爱和相互激赏。两颗心共同谱出了相同的曲调。

跟爱人在一起的时候你是完全真实的,但又不是一种客观状态,而是彻底臣服了。你既不想假装什么,也不想呈现出什么。你毫无保留,毫无防范,也不想掌控什么。你成了无法掌控的芳香。

朋友是你的一部分,爱人也是你的一部分。爱人和朋友可以结合成一个东西。当爱人和朋友结合成一体时,那份爱就会变得轻松、得体而细致。

如果你既是朋友也是爱人,就兼具客观与甜美的品质

如果你既是朋友又是爱人,你的自我就会消失——你变成了一首歌。那首歌是这么得体,这么细致,因为它同时具备了客观和甜美的品质。我指的并不是一种失神状态,而是头脑与心合一了。其中有一种绝对的清明度,而这清明度是非常甜美的!

这种组合很难被人们所体尝到,通常我们会把它们分开,不过这个状态还是有可能出现。

如果你既是爱人又是朋友,那么你不但是两条河融成了一体,甚至是两条透明的河融成了一体,其中有一种清晰、明透和细腻的品质。

那份温柔之中带着强烈的情感,而那份强烈的情感又很细腻。

让我们再谈一谈做个爱人是什么情况。

爱人是友善的、客观的、喜悦的、愿意支持你的。爱人跟朋友很相像,但是当爱人展现出上述的品质时,还带着一股甜美的味道。

爱属于心轮部位,亲密性也跟心轮有关,当心轮打开时会出现一种狂醉的特质。那是一种完全涉入的感觉,其中没有任何保留。就好像所有的东西都放进了一个锅子里,它们全都融化了。每个人都在寻找这样的爱。"如果我能够跟最适合我的人相恋,我就会尝到那种完全融解掉的滋味。那时我就可以完全做我自己了。"你以为你的这个部分只有在特定的时刻才会出现,尤其是在性爱的帮助之下你的心才能完全打开。虽然这个部分会通过某个人而激发出来,但其实它就是你的一部分。你可以在没有任何条件的情况下尝到这种滋味,不论有没有一个爱的对象,你都可以进入这种状态。

你的存在即是爱,如同源源不绝的泉水

我认为对亲密之爱最佳的形容就是,你整个人都融化在一条甜美的河流里。合一跟施与受无关。合一跟存在、理解或自他之分都无关,它既不是慈悲,也不是爱或理解。它已经跟万物合一了,它对一切事物都充满着爱。

爱正是真相和欢乐的结合。如果你既是真相又是欢乐,那么你已经成为爱的本身了。假如真相是甜美的,那便是一种爱。如果欢乐是真实的,那也是一种爱。爱兼具了欢乐和真实的品质。在爱之中真相和欢乐是一体的。人们时常会问:"我到底该追求真相,还是该追求美好的感觉?"精神导师的回答通常是:"你该追求的是真相,快乐并没有那么重要。一旦看到真相,快乐自然会出现。"

爱人却会说:"我无法选择,我如何能在快乐和真相之间作选择

呢？它们是没有差别的。如果能成为真相本身，我绝对是快乐的。若是能感受到快乐,真的成为快乐本身,我就是真相了。在这两种情况里,我都是那甜美的爱。"

心智和身体都包含在心的次元里，心比其他东西都要完整。一旦成为真正的爱人，你整个人都会处在心的次元。生命所有的层面都会同时运作，你可以把你的一切都分享出来。如果你还是觉得必须保护自己，把自己区隔出来，保留自己的某个部分不愿与人分享，那么你就不是一个真正的爱人。真正的爱人是没有什么可以被保护的。你既不想保护什么，也不想隐藏什么、给予什么或是强加什么在别人身上。你的头脑活动已经不见了，所以没有什么东西是需要作决定的。

身为真正的爱人，你是脆弱易感的，你没有任何保护、屏障或疆界，你是门户大开而毫无保留的。

身为真正的爱人，你没有所谓信赖或不信赖的问题。如果还需要去信赖什么，就意味着你还没有消失。如果你消失了，那份信赖就会变得无有疑惑。友谊便是一种信赖，其中有一种空间可以容纳开放度、客观性、祥和、空寂以及慷慨。有了这样的空间，心才能敞开。因为你信赖这份友谊，所以整个人都可以融化掉。这份友谊的本身就是一种信赖，而爱自然会从其中滋生出来。爱会从信赖之中源源不绝地涌出。

爱使你完全迷醉了，所以你根本不会去思考事情会怎么发生，就随它去吧。你醉了，而爱便是那醇酒。

你已经完全成为你自己，你彻底地在做自己。但是你的爱之中具有一种个人性的面向。真正的爱人就是一个宇宙人，他是客观的、富有个人性的，但又带着一种宇宙性的品质。

一旦变成一个真正的爱人，你就不再跟你的爱人产生界分，但是你仍然拥有个人性。一个真正的爱人可以亲自体尝到存在、本体以及神的滋味。若想亲自体证到神，你必须变成真正的爱人，这是唯一的方式。亲自体尝到宇宙性的本质，就是爱人真正的本色。

第十一章　朋友与爱人

朋友展现的是理性，爱人展现出来的是情感

你可以是不带着个人性的朋友，但不可能既是爱人又不带着个人性。有爱就会有个人性，作为一个爱人，你是通过你的个人性在跟宇宙神交，因此爱是没有疆界、没有界分的。你和你的爱人之间不可能有僵化的界分，因为爱人是没有任何保留、没有任何疆界的。这也意味着你的自我不见了，融化了——你跟万事万物都是亲密的。

这是一个很难被理解的概念，头脑很难领会它。这个观念听起来好像没什么道理，因为两种无法相容的东西竟然可以在一个爱人身上同时存在。它是超越所有逻辑的，"我从没经验过这样的事。这是不可能发生的。"但爱居然让这件事发生了。你确实有可能跟整个宇宙或万事万物谈恋爱，爱人正是这个人性和宇宙性的整合，其中不再有一个我和其他事物的分别。

朋友所展现的是真正的理性，爱人展现出来的则是真正的情感。因此当我在说爱人的时候，我指的并不截然是亲密关系之中的爱，爱人就是你的一部分。因为受到了人类情境的约束，我们总是把亲密关系跟性爱相连，其实爱人就是你的一部分，如同朋友是你的一部分一样。

我所谓的爱人被爱所迷醉，指的并不是一种丧失神智的状态。被爱迷醉跟酒醉是不一样的。我所谓的迷醉指的是惯常的理性不见了，而并不是了了分明的觉察不见了。爱人对当下还是能清醒地察觉。你还记不记得你在初恋时的觉察力有多么高，那时你对当下所发生的每件事都清清楚楚。爱人的每一个细小的动作都会被你察觉，你每时每刻都在留意他的状况。他稍微转一下头，你立刻知道为什么。他如果肚子饿了，你可以在他没有开口之前就把食物端给他吃。在他还没说出"我背痛"之前，你已经开始为他按摩了。在你还不知道理由是什么之前，你已经开始计划去夏威夷的旅游，结果是，你的爱人需要去

度假了。因此,爱人是非常敏感、非常有觉察力的。

爱人是每分每秒都在享受人生的人

被爱所迷醉并不是一种丧失知觉的状态。那时你的头脑活动已经完全消失,完全放空了。你是通过你的心在观看眼前的事物,你的心有它自己的眼睛,而且是非常敏锐的。你取悦你的爱人,因为这么做会让自己开心。当你的爱人伤心时,你也跟着伤心起来;当你的爱人快乐时,你也感到快乐。你们之间没有任何差异,没有任何分别。就因为没有任何界限,所以特别警觉和敏感。你与你的爱人之间没有什么不同,你的爱人就在你之内。在一份爱的关系里,我们寻找的就是自己心中的那个爱人。我们对爱充满着各种成见和误解,是这些想法阻碍了我们变成一个真正的爱人。

爱人是为存在而欢庆的人,爱人向外示现出的品质就是这份对存在的欢庆。爱人终其一生都在跟世界及万物谈恋爱。你爱你的爱人、你的人生、其他的人、真理以及你的体悟等所有的东西——你的爱有时是热情的,有时是温柔的,有时是甜美的。你永远都在爱之中,却没有一个特定对象。爱一旦局限于某个人或某个事物,它就受到了制约,并且会逐渐消减。爱人随时都在跟各种事物谈恋爱。当你仰头看着一朵白云时,你不禁为之目眩。当天空落雨时,你完全被它迷住了。车子从身旁经过,你也感到兴奋无比。从某个角度来看,爱人真的有点疯了。她所经验到的是没有保留、没有怀疑、没有屏障、没有隔阂的境界。

爱人是彻底涉入存在,彻底介入的,他不再企图达成什么,他已经到位了!爱人是一个每分每秒都在享受人生的人。

第十二章 做你自己

你的内在有个东西是来自宇宙的。个人性元素本是源自于宇宙性元素。宇宙意识即是我的灵魂、我的本质，不过我仍然是个人，这才是真正的奇迹。真人兼具了人性及宇宙神性，这便是奇迹所在。做自己意味着成为你所有存在的综合。

今天我们要探索一个非常神秘的东西。当一个人开始能察觉自己的时候，那将是一件很神秘的事，不过只有真心诚意地想理解自己，事情才会变得神秘起来。如果我们根本不质疑这件事，就会以为它是明显易懂的，可是一旦开始质疑起来，我们才发现自己根本不明白它是怎么一回事。这个谜便是所谓的"做你自己"。

做你自己到底是什么意思？每一个人都说他想做自己，"我要做自己，我要表达我自己。"渴望做自己是一种非常深的挂虑。其实大部分的人都觉得很难做自己，当他们独处时，心里可能还在想着："我没办法做自己。"人们一直都说想做自己，就好像他们已经明白做自己是怎么一回事了。譬如某个人说："我在我的老妈或老板面前很难做我自己。"这个问题最重要的部分并不在于母亲或老板，而是那个人根本不知道什么是做自己。做自己到底是什么样的一种经验呢？你怎么知道你正在做自己？我们时常觉得无法做自己，我们时常渴望做自己或确立自己，再不就想要表达自己。然而什么是做自己？我现在并不是在问："自己是什么？"我问的是："什么是做自己？"这两个是不同的议题。因此我们要深入地探讨一下，因为这个问题牵涉到了存在，所以它很神秘。

我们如何能"无我"而又能做自己？

事情越是神秘，人们越是把它视为理所当然，以为自己已经完全理解了它。做自己是这么神秘的一个问题，所以大部分的人都自以为知道那是怎么一回事了。

　　这个问题可以分成两个部分：一是存在，二是做自己。如果你读过许多宗教传统和精神导师的著作，你会发现他们不断地强调"无我"，同时也强调做自己。他们说你必须从自我之中解脱出来，但同时他们也强调你必须做自己。这怎么可能办到呢？你怎么可能既做自己而又无我呢？这个问题通常得不到解答。想理解什么是做自己并不容易，我们甚至可能已经从自我之中解脱了出来，可是仍然不知道做自己是怎么一回事。

　　因此什么是做你自己？表达愤怒是不是在做自己？或者，当你表达爱的时候，是不是在做自己？任由自己处在哀伤里，是不是在做自己？为所欲为是不是在做自己？有时人们会以为，达成自己所渴望的事就是在做自己。事实上大部分的人都认为，表达一种感觉、概念或行动，就是在做自己。然而我们现在要弄明白的是，做自己到底是怎么一回事，而不是要探讨什么是"表达自己"或"实践自己"。

　　根据我的观察，人们无法体尝到意识扩张的主要原因，就是因为他们对做自己这件事缺乏认识。这就是人们无法有所进展的主要原因。他们只会不断地重复旧有的问题和困难。有所进展意味着你必须先做自己，这样你的自我才能得到发展。如果你变成了别的东西，也可能会有进展，不过那毕竟不是你。人们时常谈到自我发展，但是那个能够发展的人又是谁？如果你连什么是做自己都不清楚，还可能有发展吗？你也许会去上一些自我成长的课程或是确立自我的课程，而且真的有些进展了，但谁能确定那就是你自己的发展呢？也许你可以发展出一些能力、观点、经验和概念，但这并不意味你就是在发展自己。

　　许多人都有过深层的体验，而且有过很高超很精致的了悟和洞见，可是却不知道做自己是怎么一回事。即使是那些真的在实修的人，也时常在绕远路。他们能够进展到非常开放、非常有爱心、非常有慈悲心，甚至已经体悟到宇宙意识的程度，可是却完全不知道做自己是什么滋味。也许他们的经验很美妙，但却是受限的。只有学会做自己，才能体验到人类的各种可能性。如果我们无法做自己，其他的发展都只是人类经验的一小部分而已。做一个完整的人，经验所有的可能性，发展出人的所有潜能，首要之事就是做自己。

理解做自己是什么，才能整合精神生活和世俗生活

若想学会做自己，认清内在发展的所有过程，并且理解和了悟真相是什么，就必须持续不断地探索自己和扩大自己，这整个过程都是充满着惊喜和欢庆。探索和发现永远没有止境。你们之中有许多人都渴望过真实生活——让生活不断更新和充满欢庆，这股渴望是非常深切而微细的。我们内在有一部分知道这是可能的，而且生活本来就该如此。若是无法以这种方式来过生活，我们就会有一种不完全的感觉。

理解做自己是怎么一回事，才能整合精神生活和世俗生活。这份理解能够把一般人的渴望和佛陀、基督的教诲结合在一起。开悟大师时常谈到弃世、解脱自我以及渴望活出真实的生活，但一般人所渴求的却只是享乐及欲望的满足。我们渴望的只是物质世界的经验。

我们为什么有这么多的欲望和梦想？如果一般人所过的生活根本无法得到真正的满足和欢乐，那人们为什么还渴望过这样的日子？这些渴望一定有原因。普世性的心灵教诲与大部分人所渴望的个人经验，应该都有其真实的一面，其中必定有一个东西可以使它们产生联结，不再相互矛盾。认清这两者其实是同一个东西——不是头脑或理论上的认知，而是真实的体悟——可以让我们了知什么是做自己。如果不能整合心灵修持和个人生活，即使是再神圣的体悟，生命都会缺乏欢庆。

那些渴望过灵修生活的人通常有一种误解，他们认为忘掉个人生活、忘掉自己，然后变成一名僧侣，就能得到解脱和开悟。如果是这样，那我们为什么还要过一般人的生活？我们是不是全都该抛弃世俗生活，跑到另一个地方去？大部分的人都排斥这样的途径，而且会继续追求享乐和现世生活的满足。因此，即使大部分的人无法在生活中得到满足，这份追求满足的努力仍然具有深刻而真实的意义。这份渴望之中埋藏着一颗理解的种子：我们应该可以过着圣凡并蓄的生活。如果我们无法享受富足的个人生活，又为什么要来到这个世界？虽然自我的运作方式不怎么有效，但是那股原始的冲动并没有什么错。这就是大部分的人所不了解的奥秘。

做自己意味做一个富原创性的人

从事灵修工作的人通常会假设自我是个问题，然而这种想法往往会导致他们不去聆听自我，进而忽略了自我是有能力揭露自己的。我们可以举撒旦的例子来说明这个观点。撒旦本是天堂最美的一个大天使，他从上帝的恩宠里堕落下来而变成了魔王。自我和人格也是同样一回事，它仍然记得自己那尊贵的源头，而且渴望回归到那个源头。自我企图在地球的俗世生活里实现这份神圣性，可是却无法生效。个人的现世生活通常只是在模仿那真实的东西。自我有能力模仿，是因为在某个层次上它很清楚真实人生是怎么一回事。就因为这个源头还存在，所以自我才有能力模仿。如果我们生来就是纯净的，那又为什么要到人间来受苦，最后还是回归到我们原来的模样？这一切又有什么意义呢？

大部分的理论和传说故事都试图解释人们为什么会受苦，为什么会遭遇到种种困境，但是这些说法并不能满足我们。拿亚当和夏娃的例子来说，上帝所以会惩罚人类，是因为人类不顺从他——那么上帝为什么不创造出能够顺从他的人类？另外还有像轮回业力之类的观念——我必须去除掉宿世累积下来的业障，才能体悟我真实的本质。然而这业障又是从哪里来的呢？如果你原始的本性是纯洁的，又为什么会做出一些累积业障的事？还有一些人主张人类受苦是有理由的，只是我们尚未发展出足够的智慧去领会这个理由，也许他们说的都是真相，然而他们又是怎么知道的？

我现在所提出的这些问题，其实是要帮助我们做自己。做自己意味着你必须提出问题："这到底是怎么一回事？我不想听别人的解释和说辞，我要亲自去弄明白这件事。我要通过自己的经验和探索来解开我的疑惑。如果无法亲自体悟这件事，那么不论老师怎么说也没用。"越是能探索和思考的人，就越能做自己。做自己意味着不受制于他人，不受制于外境，不变成过去历史的延伸，不论是自己的或别人的。做你自己，意味着做一名富有原创性的人。

我们能不能拥有私人生活而同时感到解脱？

我们现在是在讨论两种观点，一是宇宙性的，一是个人性的。一方面所有的灵修传统都强调要过神圣的解脱生活，另一方面大部分的人都想过俗世生活——结婚、找到满意的工作、拥有性生活、满足各种的欲望和期待。为什么我们不能同时过这两种生活？为什么不能拥有私人生活而同时感到解脱？检视一下你这一生的渴望，这难道不是你想过的日子吗？你想拥有的是既快乐又解脱的正常生活，而不是只有在山上闭关时才感到解脱。

印度教认为人应该先过一段正常的家庭生活，然后才脱离家庭去寻找上师，最后变成一个解脱开悟的人。但是为什么在脱离正常生活之后才能得到解脱？为什么不能在正常生活里得到解脱？为什么必须离开自己的家才能得到解脱？家庭生活又有什么不对呢？大部分的人听到这些教诲之后都会认为他们应该离群索居，或者可能终生都在跟这个观念对抗。人们所以会跟它对抗并不是因为他们无知，而是我们对自己的潜能是有所认识的。我们的内心有一种深切的渴望，我们很想成为自由而真实的人，同时也想做自己。

某些攸关解脱的教诲，会让我们以为不应该再做人，而应该变成一种客观的宇宙性临在。但是在最深的层次上，我们是既想当人也想得到解脱的。然而这个观念到底从何而来，为什么我们会认为解脱和做人可以兼容并蓄？这份渴望一定有个出处。从探索之道里我们发现，只要渴望一出现，就会失去某个东西。假设你的渴望非常深，那么其中一定有某个真实的东西。或许我们探索这个问题的方式错了，或许我们并不清楚自己失去了什么，不过我们对它的渴望却是真实的。

你如何能不被自我或人格所掌控，而同时又能做自己，当一个自由人。我们有没有可能只是做自己而不带有人格？这才是问题所在。如果这个问题得到了解答，我们的迷思就解除了。

我不想变成糖，我想尝一尝糖的滋味

我们的内在工作就是要学会如何解脱我们的人格，真的做自己。就是因为我们丧失了那个真实的东西，人格才会取而代之。即使人格这个模仿者取代了它的位置，我们仍然有潜力觉知到这个实相。

我们内心最深的渴望就是既能做自己又能解脱——不会因为解脱而完全失去了自己。其实失去自己并不是很困难的事，但这并不是人类最圆满的经验。因此我们既想当自己，又想活得自由，做我自己的一份自由。如同拉玛·克里希那（Rama Krishna）所言："我不想变成糖，我想尝一尝糖的滋味。"

有人说人生的目的就是变成神圣能量的管道，但树木或岩石也是神圣能量的管道，你和它们又有什么不同呢？成为一个明彻而开放的管道，让爱和慈悲通过你而流露出来，这件事是有可能办到的。这虽然是一种美好的经验，但并不是我们活在世上的终极理由，这只是一个过渡阶段。我们活在世上并不是要成为管道，我们来到这里只是为了存在。

你说你想做自己，其实你指的是你想跟随人格的冲动，自由地表达你的人格，这才是你心中真实的想法。你的心并不知道你既可以做自己而又没有人格的干预。你所认为的做自己，只是意味着当你想爱的时候就去爱，当你想要不正经的时候就能随心所欲。可是如果检视一下这些冲动或梦想，你会发现它们是被过往的经验所操控的，它们都是一些受制的反应，并不是真正的你。

譬如说，你对某个情况或某个人产生了愤怒的反应，而你想自由地做自己，表达自己。外在一有刺激，你立刻产生了愤怒的反应，但这可能是源自于早期跟父母互动时所产生的制约。这可不是在做自己，你只是父亲或母亲的延伸罢了。或者你梦想成为一名音乐家，你以为若是能变成一名伟大的音乐家，就是在做自己了。但很可能你的父亲也热爱音乐，而且一直想当音乐家。或者情况刚好相反，他可能是一名对音乐毫不关心的卡车司机，因此你想要反叛他，你可能认为："我的父亲很粗鄙，他对人生美好的事物一点都不关心，我不想跟他一样，所以我要成为一名作曲家。"不论你的行为是符合他的价值和期待，或者你是以反叛的行为来对抗它们，你都只是父亲的延伸罢了。我们把这种旧有历史的延伸称为人格，因此当你说要做自己时，其实指的是你的人格。人格只是过去历史的产物，它没有原创性，也没有自发性。人格的行动是受童年模式所制约的，它只是一些机械化的行为罢了。

做自己显然意味着拥有自己的感觉和自在地表达你自己，但就算是这些东西，也只不过是一些过程和活动罢了。最主要的重点并不在表达自己，而是真的体认到什么是存在。做自己指的就是存在。

在拥有自己的情况下，可不可能活出宇宙性的生活？

我们必须从人格之中解脱出来，大部分的灵修传统都是这么强调的，因为自我的人格确实是个冒牌货。我并不是说人格不好，而是它不真实。你信以为真的人格并不是真正的你，它只是企图扮演真正的你，而且这份企图经常是失败的。

你从什么时候开始认为自己有一个人格？你是从哪里得到这个观念的？如果你是个假人，那必定还有一个真人存在，就像真金与K金的分别。如果真的东西不存在，那么假的东西也就没有模仿的对象了。为什么人们永远想具有原创性、想当自己、想拥有自己的人生、想独立自主？有没有可能这一切只是幻想，还是它指出了某个真实的东西？如果拥有个人生活是不好的，快乐是应该被摒弃的，拥有自己的家或汽车就意味着我们很自私，与某人分享爱就是不解脱，那么人生就变得荒诞无比了。因此，人类的这场奋斗一定隐藏了某种真理。

许多灵修传统和教诲都主张，真正的生活是在死后或开悟之后才开始的。这个观点通常否定了在现世和当下就可以过真实的生活，而这种真实的生活是一种非个人性的宇宙经验。在拥有自己的情况之下，有没有可能活出宇宙性的生活？所有的传说故事和神话里曾经提到过的神奇、美、缤纷的色彩、迷人的景色和欢愉的气氛，这一切应该有某些真实性才对。天堂的美和神秘应该有某部分是属实的。

有一则故事告诉我们说，我们每个人都来自于某个尊贵的次元，每个人天生就是国王或王后，而不是和尚或尼姑。我们真的都是皇族子孙。你在这个世间可能只是个秘书，但是你真实的身份却是皇后，你应该以对待皇后的态度来尊重自己。每一个人都应该拥有这份尊严和自由。我们其实都渴望活得像皇族一样，拥有从容自如的生活。自我确实是向往这种生活的，只是欲望阻碍了你去经验这种生活，但这份向往并没有什么错。因为我们已经感觉到那份可能性，所以向往才会存在。对于这份可能性的理解，将会使我们的个人事业和宇宙事业相互结合。如果能学会如何去做自己，并且能觉知到这整个情况的真相，那么跟宇宙合一的境界就会出现。

在当下做自己而不产生旧有历史的反应，这件事的本身是非常神秘的。这样的存在就是新鲜的、原创的，这样的存在本身就是生命、意识及存在。这个存有永远不会被局限，不会被过往的历史、概念、计划所染着，也不会被冠上"灵性"或"世俗"的标签。这个存有的任何一个细胞都不会被外在的事物所薰染。"我"不是反应、概念、情绪或任何其他东西，我就是我。我的心智、情感和身体只是一种外在示现，真正的我即是存在本身。我是我所有经验的源头和基地，只有体认到这一点，我们的思想、行动和感觉才会有原创性。我的原创性跟我的父母、基督或佛陀都无关，"做我自己"并不意味我非得成为不具个人性的宇宙之光才行。那其实是另一种经验，而那宇宙之光、爱或至乐是从属于我的。我就是它的精华，它应该为我欢庆而不是我为它欢庆，那份至乐、爱或启悟是从属于我的。因此我们真正的身份就是这些东西，地球是因为我们而存在的。我们来到地球就是为了成为真正的自己。

真人是既有人性又富有宇宙神性的

我们来到地球接受启蒙就是为了发现那个真实的东西，而不是退回到我们以前的模样。你的内在有个东西是来自于宇宙的，个人性元素就是源自于宇宙性元素。宇宙意识即是我的灵魂、我的本质，不过我仍然是个人，这才是真正的奇迹。真人是具有人性又富有宇宙神性的，这便是奇迹所在。每一个当下，"神"都在创造出一个崭新的你。神不断地在创生。缺少了这份体验，你永远觉得不完全。一切事物的存在都是为了人这个存有的诞生与成长，这个人性的本体便是所谓的"无价之宝"。借由这无价之宝，我们才能进入一切的神奇以及存在所有的欢庆。做你自己意味着成为你所有存在的综合。你即是宇宙之果。

苏菲称人格的死亡为 fana，意思就是灭绝。然后他们又提出了 baqa，意思是灭绝之后所剩下来的东西，也就是大死之后的重生。在 fana 之后所出现的 baqa，指的便是存在于神之中，亦即在宇宙之中做你自己。《可兰经》把个人性的存在称为"神的挚爱"，基督教则称之为"神之子"。除非你真的做自己，否则你不会是一个爱神的人。一旦能做自己，就有能力以人的方式来对待人，这样他们就不再是与你对立的客体了。

如果你能够以这种方式来做自己，你就会跟别人产生真正的联结。但若是不能做自己，你的人格就会变成你和别人之间的阻碍。或者你只愿意呈现出自己的神圣面，那么你也无法与其他人产生真正的联结。你也许能以宇宙性的方式来包容他们，或是以开放的心胸来对待他们，但是你仍然缺乏那种人对人、存在对存在、心对心的联结。

你仍然无法触及别人内心深处的东西。不论你有多么爱那个人，不论你对他有多慈悲或多想帮助他，只要你无法以人性的面向来跟他接触，他就不可能和你产生真正的联结。人性面的联结会建立起深刻的信赖感。

不过我们还需要澄清一下所谓的个人性是什么。人格（personality）这个字本是源自于个人性（personal）这个字，因此你如何分辨真正的个人性与人格的个人性？当我们谈到私密的接触时，我们指的是什么？对人格而言这意味着一种情感。"我很有亲和力，因为我可以把我所有的感觉告诉别人。我可以对别人开放我的心。"这便是一般所谓的分享私密经验，然而这只是一种模仿罢了，因为人格本来就是一个赝品。

人格的个人性意味着既不客观也没有宇宙性——它只是一个受限的个体。人格需要一种界限感，一种和人、事、物脱离出来的孤立感。但个人性的本体并不需要这种孤立感和界限感，它根本没有那种"我有别于你的感觉"，它跟别人之间是没有藩篱的。人格却是有边界、有一堵墙挡在那里的。因此人格无法拥有亲和力，那就像两堵墙彼此在摩擦一样。人格充其量只能做到身体的接触，两个身体对彼此开放，在高潮的那一刻，人格得到了暂时的放松，暂时的消融。

灵魂与灵魂接触，真正的亲近与联结才会发生

当我们的灵魂和另一个人的灵魂接触时，真正的亲近与联结才会发生。只有本体与本体的接触才是真正的亲近。我虽然在接触你，可是我并没有彻底与你或宇宙融合——这份接触已经是没有界限而又直接的，但仍然无法融合成一个浩瀚的意识之海。你是自由自在而不受任何制约的。当你做自己的时候，你就是丰富的、完整的、生气蓬勃，你的存在就是奇妙的、愉悦的以及充满着感觉的。我们总是通过身体的接触来得到十足的感官享受，是因为我们对个人性的存在仍然有一种朦胧的记忆。你个人性的存在就像你在热恋时的那种感觉，那时你身上的每一个细胞都在感觉你的爱人，你整个人充满着情欲，那种存在的状态本身就是一种喜悦。做自己便是真正的喜悦，而喜悦只是一种单纯的存在状态。所有的欢庆和价值都是从属于这存在的。

个人性和宇宙性并不冲突，与个人性产生冲突的其实是无个人性。拥有个人性并不会减低我们的客观性，一般人往往会假设客观性意味着冷漠无感，显然这并不是我们所指的客观性。如果能够以这种角度来认识自己，就能穿越所有层面的灵性经验，这样你才能活出自己的人生，因为你真的涉入了你所有的经验，而且真的是在行动。从这样

的状态之中会产生任运自如的反应，它跟过往的历史没有任何关系。如同你体内的器官一样，你的本体——爱、慈悲、意志力、宇宙意识——也都在你的心内。

　　因此你会发现，我们已经把个人性和人格混为一谈了，我们一直认为要证入宇宙意识必须放弃个人性。其实真正的个人性跟宇宙性并不冲突，个人性就是宇宙之子或是宇宙意识的成果。跟宇宙意识产生冲突的其实是人格。

　　在你尚未开悟或证入无我之前，还是有可能一方面跟你的个人面向接触，一方面觉察到真正的你是谁。一旦知道了真正的你，就比较容易明白什么是人格，什么是制约，什么不是真正的你。在这一点上，内在工作确实能产生引领的作用。没有认清自己的真相之前你是很难找到方向的，因为你根本不知道什么是你，什么不是你，什么是真的，什么不是真的。你所拥有的只是一些想法或是某些人告诉你的一些观念，但只要一清楚自己是谁，并且明白了什么是做自己，你就有能力分辨了。

快乐、自由及力量源自于宇宙，但落实在个人身上

　　有人说如果你真的放掉自我界限，就会看见你即是宇宙，而所有的星辰及银河都在你之内。这句话说的一点都没错，但这仍旧跟个人性的存在有所不同。只有真的体悟了个人性的存在，才会看见外在宇宙完全变成了内在经验，就好像你是个小宇宙一样。当你成为你个人性的存在时，不但会跟宇宙合一，而且会成为宇宙之子。

　　那时你就可以逍遥自在地活在地球上，并且能同时拥有快乐、欢庆、自由及力量——这一切都是源自于宇宙但落实在个人身上的，然后你就会成为众人的朋友、爱人和勇士。做你自己乃是从最原初的观点来认识自己。

　　我们都渴望能够确知自己是谁。只要你还在拿自己和别人相比，

只要你还想符合别人的想法或经验，只要你还在通过别人的洞见来认识自己，就无法确知自己是谁。渴望知道什么才是真正地做自己，应该是内在工作最重要的一种动机。你必须让自我追寻尽可能地自由，尽可能地富有个人性。如果真的能按照自己的方式去探寻自己，你就不是在按照别人的说法而行事了。不过你当然可以善用任何一个老师的建议，认识他们的经验可以打开你心中的某个部分，但最终还是必须靠自己的力量，这样你的认知才是完全来自于自己，而不是来自于外在的压力。外在的压力和影响一直都存在着，你必须以内在的体悟来回应这些东西，而不是从既有的模式去产生反应。

譬如佛陀提出了"无我"这个观念，于是你对自己说："他的话可能是正确的，但谁知道呢？让我来亲自弄清楚这件事。"只是盲目地顺从他的观点，你又如何能确知呢？除非我有亲身的发现，否则别人的真理也只不过是一种概念和指导原则罢了。我会试着去尊重它和探索它，我的心是开放的。因为我并不确知，所以我对所有的看法都是开放的，不过我遵从的还是自己的内在之光。缺少了它，我不可能确知什么。也许有人会告诉我："你的佛性是本自具足的。"但即使经书上是这么写的，那又能带来什么样的改变呢？你必须借由自己当下的立即经验才能得到属于你的体悟，然后你才能说服自己。

这是唯一能生效的方式，而且是最贴近内心的一种方式。你以如此亲密而直接的方式与自己接触，就会对你真实的身份产生最精微的认识。从这种绝对亲密、真正忠于自己的状态之中出发，我们才能活出自己的人生，跟别人产生真正的联结。如果我们真的能这么贴近自己，神就会为我们庆贺。

只有这样我们的生命才能忠于每个当下，完全活出本色，彻底寂然独立。我们在日常生活里的所作所为、我们所选择的工作、我们的生活方式，都是这个人性存在的外在示现。但这并不意味你不能和某个人在一起或是拥有一个家庭。寂然独立意味着你就是你，你是不受其他人影响的。彻底做自己就是保持内心的寂然独立。你的心没有任何挂碍、冲动和拉扯，这样的你自然会绽放出温暖、善意、仁慈和对自己的慈悲。

我们的个人性存在，我们最真实的身份，就是从仁慈、善意和价值之中诞生的。个人性的本体诞生在一个金色的摇篮里，上面铺盖了绿色的罩单。

学生：你是不是在说，所有自我打击的事都是对本体的误解。

阿玛斯：是的，必然是这样的，没有其他的可能性了。所有的负面状态都是那真实东西的扭曲，一种对本体的误解，所以我才会说每件事的发生都有理由和意义，它们不尽然是意外和错误，在每个念头、每个意象之中都可以找到真相。每个意象都道出了某些事实，虽然并不是那么显而易见。每个念头也许只是一种反应，但如果能追踪这个念头到它的源头，并且能穿透所有的防卫机制，就会看到某些真相。

学生：引领你的是什么东西？

阿玛斯：能够引领你的东西很多，不过最重要的就是认识自己。当你认清自己的那一刻，你一定是心知肚明的，但如果没有这种感觉，就必须扪心自问是什么东西阻碍了你。一旦知道是什么东西在阻碍你，就又能做自己了。当你借由理解而清除掉那些会障碍住本体的心理议题、信念和自我形象之后，你就不仅仅是在经验存在，因为你已经变成了存在本身，也就是"到位"了。到位意味着每当你需要本体的时候，它的某种品质自然会出现。当你到达那个位阶时，你就不再需要被指导了，因为你已经臻于成熟。

对每个当下进行探索，你将会发现所有层次的真相

学生：你可不可以再谈一谈认识真相这件事？真相有各种不同的层次，请问最直接最有效的处理方式是什么？

阿玛斯：你必须贴近自己的真相。世上有各式各样的真相，可是它们跟你当下这一刻的真相无关，你必须看到跟你当下这一刻有关的真相是什么，否则都只是一些头脑里的活动，而那是无法解决问题的。如果你检视当下的个人经验，自然会发现其中的真相。对每一个当下的真相进行自由的、独立的、个人性的探索，你将会发现所有层次的真相。但如果只是一味地跟随某个人所说的话，你就很难找到正确的方向了。别人的话也许有很深刻的真理，但是跟你当下的经验可能并不相干。如果它跟你当下的经验不相干，就没有必要去知道它，而且你很可能拿它来护卫自己，以免看到当下的真相。这就是为什么我会强调个人性的重要，为什么会要求你亲自去经验你的真相的理由。你当下所经验到的永远是自己的人生、自己的体验和自己的感官觉受，你必须亲自去了解这一切。如果能毫无偏见地安住在当下这一刻，并且探索其中的真相，那么真相最后一定会彻底展露给你看。从外面不可能进行这件事，你必须去穿透和体认自己的内在经验。

所有的真相都是因人而异的。举例而言，某人当下的真相很可能是跟价值攸关的心理议题而非慈悲心的问题，当下这一刻他也许并不关注慈悲心，因为他所经验到的是价值上的匮乏。有人也许劝告他要慈悲一点，要忘掉自己，可是他却做不到。即使他把这个看法当成了有效的哲理，还是无法与它产生联结，因为跟他真正攸关的其实是价值感的丧失。当下这一刻他最紧要的问题就是价值议题，别的都只是一些智力活动罢了。

学生：这些话对我很有用，它使我摆脱了对别人的批判。其实并没有什么更好的方式了，因为我不是你，我无法看见你应该走哪条路。

阿玛斯：不是每一个人都能做到这一点的，不过心灵的引导者却可以做得到，这就是老师的意义所在。所谓的老师就是能够明白你和感觉你的友人。当我在辅导别人的时候，通常他们必须知道的事并不是我所需要知道的事，但是我能够跟他需要认清的那个面向产生联结。

第十二章　做你自己